Adeilson Salles

ALGEMAS INVISÍVEIS

ALGEMAS INVISÍVEIS

Dados Internacionais de Catalogação na Publicação (CIP)
(Câmara Brasileira do Livro, SP, Brasil)

```
Salles, Adeilson
   Algemas invisíveis /
Adeilson S. Salles. -- Bauru, SP :
CEAC Editora, 2008

   ISBN 978858635967-5

   1. Espiritismo 2. Reflexão
```

08-07089   CDD-133.9

Índices para catálogo sistemático:
1. Reflexões espíritas : Espiritismo 133.9

3ª edição - Março de 2013 - 2.000 exemplares
10.001 a 12.000

Copyright 2008 by Centro Espírita Amor e Caridade
Bauru SP

Edição e distribuição

Rua 7 de Setembro, 8-56 • Fone/Fax 014 3227 0618
CEP 17015-031 - Bauru - SP
e-mail: editoraccac@ceac.org.br
site: www.ceac.org.br
Projeto gráfico: Júnior Custódio
Capa: Angela Luiz
Revisão: Lenise Giovanini Noronha
Coordenação Geral: Sylvio Mello

Conhecimento de si mesmo

Qual o meio prático mais eficaz que tem o homem de se melhorar nesta vida e de resistir ao arrastamento do mal?

"Um sábio da Antigüidade vos disse: Conhece-te a ti mesmo".

Compreendemos toda a sabedoria desta máxima, mas a dificuldade está precisamente em cada um conhecer-se a si mesmo. Qual o meio de consegui-lo?

"Fazei o que eu fazia quando vivi na Terra: ao fim do dia, interrogava a minha consciência, passava em revista o que havia feito e perguntava a mim mesmo se não faltara a algum dever, se ninguém tivera motivo para se queixar de mim. Foi assim que cheguei a me conhecer e a ver o que em mim precisava de reforma. Aquele que, todas as noites, recordasse todas as ações que praticara durante o dia e perguntasse a si mesmo o bem ou o mal que houvera feito, rogando a Deus e ao seu anjo da guarda que o esclarecessem, adquiriria grande força para se aperfeiçoar, porque, crede-me, Deus o assistirá. Portanto, questionai-vos, interrogai-vos sobre o que tendes feito e com que objetivo agistes em dada circunstância; se fizestes alguma coisa que, censuraríeis, se feita por outrem; se praticastes alguma ação que não ousaríeis confessar. Perguntai ainda isto: Se aprouvesse a Deus chamar-me nesse momento, teria que temer o olhar de alguém, ao entrar de novo no mundo dos Espíritos, onde nada é oculto? Examinai o que podeis ter feito contra Deus, depois contra o vosso próximo e, finalmente, contra vós mesmos. As respostas acalmarão a vossa consciência ou indicarão um mal que precise ser curado.

O conhecimento de si mesmo é portanto, a chave do progresso individual. Mas, direis, como pode alguém julgar-se a si mesmo? Não está aí a ilusão do amor próprio, que atenua as faltas e as torna desculpáveis? O avarento se considera simplesmente econômico e previdente; o orgulhoso acredita ter apenas dignidade. Tudo isso é muito certo, mas tendes um meio de controle que não vos pode enganar. Quando estiverdes indecisos sobre o valor de uma de vossas ações, perguntai como a qualificaríeis, se praticada por outra pessoa. Se a censurais nos outros, ela não poderia ser mais legítima, caso fôsseis o seu autor, porque Deus não usa de duas medidas na aplicação de sua justiça. Procurai também saber o que pensam os outros e não desprezeis a opinião dos vossos inimigos, já que estes não têm nenhum interesse em disfarçar a verdade e Deus muitas vezes os coloca ao vosso lado como um espelho, a fim de que sejais advertidos com mais franqueza do que o faria um amigo. Aquele, pois, que tem o sério desejo de melhorar-se perscrute a sua consciência, a fim de extirpar de si as más tendências, como arranca as ervas daninhas do seu jardim;

faça o balanço de sua jornada moral, avaliando, a exemplo do comerciante, seus lucros e perdas, e eu vos garanto que o lucro sobrepujará os prejuízos. Se puder dizer que foi bom o seu dia, poderá dormir em paz e aguardar sem temor o despertar na outra vida. Formulai, portanto, a vós mesmos, perguntas claras e precisas e não temais multiplicá-las: pode-se muito bem consagrar alguns minutos para conquistar a felicidade eterna. Não trabalhais todos os dias com vistas a ajuntar haveres que vos garantam repouso na velhice? Esse repouso não é o objetivo de todos os vossos desejos, o fim que vos faz suportar fadigas e privações passageiras? Pois bem! Que é esse descanso de alguns dias, perturbado pelas enfermidades do corpo, em comparação com o que espera o homem de bem? Não valerá a pena fazer alguns esforços? Sei que muitos dizem que o presente é positivo e o futuro é incerto. Ora, é exatamente esta a idéia que estamos encarregados de destruir em vossas mentes, pois desejamos fazer que compreendais esse futuro, de modo a não restar nenhuma dúvida em vossa alma. Foi por isso que primeiro chamamos a vossa atenção por meio de fenômenos capazes de ferir-vos os sentidos e que agora vos damos instruções que cada um de vós está encarregado de espalhar. Com esse objetivo é que ditamos em letra diferente O LIVRO DOS ESPÍRITOS."

Santo Agostinho

O Livro dos Espíritos – Questão 919 e 919ª – páginas 497 a 499.
Tradução Evandro Noleto Bezerra – FEB.

Sumár

Algemas Invisíveis *11*

Homem Deus 15

Religiões ou algemas 17

Terroristas Psíquicos 24

Ingratidão ou cobrança 25

Felicidade e Culpa 29

Dá um tempo! 33

Amizade ou hipocrisia? 37

A Criação da Mulher 41

Robôs humanos 45

Nossos desejos, nossos sofrimentos... 49

Água mole em pedra dura... 53

Você é importante! 57

A dor e o estrume 61

Estatuto das mães 65

Mel e fel 69

A faxina nossa de cada dia 73

Doenças ou doentes? 77

A morte e o turista 81

Emoção e Instinto 85

As barreiras que unem 89

Amor e farinha 93
Educação para a morte 97
Em nome de Deus 101
Juizes míopes 105
Em companhia de si mesmo 107
Reencarnação 111
O autoperdão e o remorso 115
A vida é sua 119
Ah, coitado! 123
46664 - O jardineiro da liberdade .127
O alpinista 131
Pessoas Diamantes 135
Caminhos e Descaminhos 139
Seus sonhos 143
No palco da vida 147
Seu problema ou meu problema? .151
Grades invisíveis 155
O peso no coração 159
Amuletos 163
Renovação 165
Vivo como quero ou como querem? 167

Independência ou lágrimas 171

Criações mentais 175

Depressão e Morte 179

Pessoas Estrela e Pessoas Cometa 183

Retrato de uma fotografia 185

Os óculos da alma 189

A panelinha celestial 193

O dia de hoje 197

O poder da língua 199

Silêncio 201

Acalma-te 203

O Trabalho 205

A Vontade de Deus e a nossa vontade .207

A verdade subjetiva 209

A tua fé te curou 213

Um por todos, e todos por um.. 215

Relacionamento amoroso 217

O desafio família 221

Bombas mentais 225

Reprogramação Cristã 227

Aceitar para conviver 229

O cheiro da gentileza 231

Seja feliz! 233

Algemas Invisíveis

O homem busca e compreende a felicidade de acordo com seu desenvolvimento intelecto moral.

Invariavelmente ele acredita poder encontrá-la na exterioridade, poucos se dão conta de que a tão propalada felicidade possa ser encontrada na interioridade.

Uma história antiga nos fala do camponês que se julgava feliz com a sua situação na vida.

Ele acreditava que pelo fato de ter uma pequena lavoura a cultivar, a esposa e o filho, eram motivos suficientes para que se sentisse feliz.

Até que um dia um viandante de passagem por sua gleba lhe disse que a felicidade verdadeira só poderia ser encontrada por aqueles que possuíssem diamantes.

Iludido, ele vendeu tudo que possuía, deixou a família na casa de parentes e partiu em busca da felicidade.

Anos se passaram e a família recebeu a notícia de que o camponês havia morrido em terras estrangeiras, sem lograr encontrar a tão almejada felicidade.

Muito tempo depois o mesmo viandante parou em frente a antiga propriedade do camponês morto e pedindo um pouco de água ao novo proprietário, foi por este convidado a entrar para se abrigar do sol, enquanto saciava a sede. O viandante entrou e surpreendeu-se com a quantidade de diamantes que o lavrador tinha sobre modesta lareira. Abismado indagou:

— Homem, onde conseguiste tamanha quantidade dessa pedra? Com simplicidade e indiferença pela pedra preciosa o camponês respondeu:

— Encontrei essas pedrinhas no pequeno córrego no fundo do meu terreno.

* * *

Na maioria das vezes, nós procuramos a felicidade em lugares e em coisas que jamais nos farão verdadeiramente felizes.

A felicidade está mais perto do que podemos imaginar, na verdade, ela está dentro de nós.

A felicidade não é um lugar geograficamente localizado, muito menos uma conquista material. A felicidade é justamente um jeito de caminhar na vida, uma maneira de atravessar esse verdadeiro mar tempestuoso dos sentimentos.

Nunca se falou tanto na necessidade do autoconhecimento, como hoje em dia.

12 Algemas Invisíveis

A tarefa de dominar a si próprio, de conter determinadas reações, perante situações que não aceitamos, é titânica.

Em muitos momentos de nossa vida, somos dirigidos pelos acontecimentos e emoções provocados por terceiros.

Às vezes, sofremos verdadeiros suplícios emocionais, impostos por problemas, que na verdade, não são nossos.

Não exortamos ninguém a um comportamento indiferente, mas precisamos amadurecer emocionalmente, a ponto de deixar que cada um aprenda com as próprias escolhas.

Todas as vezes que não racionalizamos as emoções, nos aprisionamos em poderosas algemas invisíveis.

A nossa incapacidade de discernir, o que devemos resolver, daquilo que os outros devem assumir, nos mantém presos voluntariamente a situações conflituosas.

Essas situações ocorrem em todo tipo de relacionamento, seja familiar, profissional, etc...

Tudo isso, porque ainda não aprendemos a amar aceitando as diferenças e as escolhas alheias.

Criamos algemas mentais e nosso psiquismo atormenta-se quotidianamente nos tornando criaturas infelizes.

Sofremos seqüestros emocionais diários do nosso bom humor, não conseguimos nos manter à margem do azedume dos que nos cercam. E com isso, a contaminação psicológica desagradável nos envolve.

Descobrir a mina de diamantes que temos dentro de nós, é trabalho de todos os dias.

Ter uma vida psíquica mais saudável é conquista individual, inalienável.

Educando nossos sentimentos, rompendo com padrões sociais e religiosos impostos, nos permitiremos viver com autenticidade, sem a utilização de máscaras.

As algemas invisíveis são frágeis e podem ser quebradas se nos predispusermos ao mergulho urgente dentro de nós mesmos, com o fito de nos auto-educarmos.

Embora a passos lentos, a humanidade caminha para a alforria das mentes, a era do pensamento, o rompimento dos grilhões invisíveis.

O momento é de libertação, pois apenas livre para pensar e consciente da sua filiação divina, o homem poderá caminhar com passos seguros para a vivência da possível felicidade aqui na Terra.

O autor

HOMEM DEUS

"A verdadeira religião ensina, orienta, edifica, porém, não ameaça. A infinita bondade de Deus não pode ser clava mortal para os pecadores".

Austregésilo de Athayde

Os telejornais apresentam todos os dias as cenas lamentáveis de atentados e guerras praticadas em nome de Deus.

Será que existe ou já existiu um dia um Deus belicoso?

Será que existe um Deus que castigue?

Será que existe um Deus que deseje o "apartheid" entre seus filhos?

Será que existe um Deus que crie seus filhos para puni-los?

Evidentemente que não; na verdade, nós seres humanos estamos longe de compreender Deus.

Emitimos conceitos abalizados em nossa imperfeita interpretação.

Interessante, toda interpretação humana sobre Deus leva a criatura humana a discriminar aqueles que não se encaixam em conceitos criados pelo próprio homem e não por Deus.

Lamentavelmente os homens utilizam-se das religiões não para se religar a Deus, mas para se desligar do próximo e dominar outros homens.

Adeilson Salles

Se Deus é perfeito, não discrimina.

Se Ele é todo amor, não promove a guerra.

Se Ele é todo justiça, não castiga, educa os filhos ignorantes.

Se Ele é misericordioso, não promove a segregação.

Pobre homem, investe-se de "divindade" para dominar outros homens.

A única e mais perfeita religião é o amor.

As que promovem a divisão são criações humanas.

Se todas as religiões do mundo fossem extintas e permanecesse apenas o amor, os homens se respeitariam.

As religiões criadas pelos homens são pagãs, trazem na aparência a palavra de vida e na sua prática, a discriminação.

Uns afirmam: o nosso Deus é fiel. Outros mais exortam: Só nosso Deus tem poder!

Pobres beatos diabos, não se apercebem de que precisamos encontrar Deus no nosso próximo.

A formação de grupelhos que se dizem escolhidos, só denotam o orgulho e a prepotência enraizada no coração humano.

Enquanto não percebermos e sentirmos que todos somos iguais, continuaremos a criar "deuses" à imagem e semelhança do que temos de pior.

Urge que atentemos para nossa pequenez.

Deus pode ser encontrado dentro de cada um de nós e manifesta-se em todas as oportunidades que verdadeiramente promovemos o bem sem olhar a quem.

RELIGIÕES OU ALGEMAS

"Certas coisas são tão importantes que precisam ser descobertas sozinhas".

Paulo Coelho

O homem é escravo do homem.

Tal afirmativa baseia-se no fato de não exercermos livremente nossa capacidade de pensar.

No aspecto religioso, a maioria das pessoas ainda crê em um Deus com um comportamento tipicamente humano.

As religiões predominantes em nossa sociedade nos apresentam em suas linhas teológicas, um ser vingativo, um "Deus" que castiga e amedronta.

A criatura humana voluntariamente não se esforça por pensar, raciocinar é pecado.

A compreensão de Deus passa pela nossa capacidade de pensar sem raciocínio, Deus não pode ser conhecido.

Os dogmas religiosos nos impedem de aproximarmo-nos de Deus de maneira a senti-lo, entende-lo. Não se pode amar o que não se conhece.

Observemos que os conceitos equivocados com relação a Deus, já nos são incutidos por nossos próprios pais quando dizem em tom de ameaça: "Deus castiga as crianças malcriadas".

Vamos crescendo de tal forma, que com o passar dos anos vamos nos afastando de Deus, pois somos imperfeitos e via de regra, cometemos equívocos.

Chegamos à conclusão de que não somos dignos de "Deus".

Interessante observarmos que crescemos, melhor dizendo, nascemos culpados e crescemos culpados e, cá entre nós, não existe maior barreira para a expressão do raciocínio do que o sentimento de culpa, tão explorado pela maioria das religiões.

A culpa e o dito "diabo" são os maiores colaboradores para que algumas religiões sejam as mais procuradas. São as famosas religiões bengalas.

Acostumado a procurar um culpado para seus fracassos, o homem prefere culpar um ser demoníaco criado por certas "teologias", a assumir seus próprios erros.

A culpa é sempre do rabudo, nunca do sofredor.

Esse mecanismo psicológico de culpar sempre os outros é muito comum em nossa vida, estamos sempre certos, os outros é que estão errados.

Por isso afirmamos que o homem muitas vezes não utiliza a sua capacidade de pensar, se raciocinasse seria livre, se fosse livre seria feliz, se fosse feliz, não aceitaria o "Deus" elaborado por outros homens para subjugá-lo. A escravização do pensamento humano é muito bem elaborada e acontece desde os primórdios da raça humana.

Quando o homem está sofrendo, aceita qualquer coisa para livrá-lo do sofrimento, até mesmo um Deus que pune, como os homens punem.

Assim como nosso corpo necessita de exercício para ser saudável, nossa mente precisa ser livre, para nos tornarmos espíritos saudáveis.

Enquanto o homem acreditar que religião "A" é melhor que a "B", enquanto o homem acreditar que Deus escolhe uns em detrimento dos outros, as religiões não terão autoridade para se dizerem representantes de Deus.

Representarão sim, os interesses dos próprios homens.

A única religião que devemos professar é a do respeito mútuo e do amor.

Adeilson Salles   19

20   Algemas Invisíveis

TERRORISTAS PSÍQUICOS

"Muitas pessoas sentem orgulho de sua pureza de consciência apenas porque suas memórias são muito curtas".

Zanizad Rafaezsky

Somos aprendizes. Quem nunca errou?

"Quem estiver sem pecados..." (Jesus).

Muitos tiranos emocionais aproveitam-se da nossa condição de aprendizes para nos atemorizarem emocionalmente, tornando-nos reféns do passado e deles mesmos.

Como verdadeiros terroristas psíquicos, diante das conquistas que alcançamos, procuram sempre nos lembrar que já erramos um dia.

Procuram manter-se em posição de domínio sobre os outros.

Colocam-se como arautos da verdade, julgando-se inatingíveis, hipócritas.

Isso acontece em sociedade, na família e mesmo nos relacionamentos "amorosos".

Existem pessoas extremamente carentes, que se escondem atrás dessa postura belicista para manter a atenção dos outros.

Quando elas não conseguem ser o centro da atenção em um relacionamento, seja ele qual for, procuram lembrar-nos sobre equívocos cometidos um dia, buscando assim controlar a situação, exaltando a si mesmas.

São frágeis emocionalmente e acreditam manter laços afetivos às custas da manipulação de sentimentos.

Devemos tomar cuidado com aqueles que se relacionam conosco e nos impedem de virar as páginas emboloradas do passado.

Se cairmos é importante que não nos mantenhamos identificados com o chão, pois só cai quem está andando.

É na queda que encontramos os verdadeiros amigos, eles nos ajudam a erguermo-nos e seguir caminhando.

Afaste-se dos que pregam a renovação e não renovam as próprias idéias.

Tomemos cuidado com os terroristas psíquicos, eles são ardilosos, sutis.

Terrorista psíquico é todo aquele que deseja que os outros pensem como ele.

Cuidado para não se tornar refém dos terroristas, suas principais armas são:

A exaltação de erros passados para exercer o domínio no presente.

O ciúme em qualquer tipo de relação

A posição de eterna vítima.

A falta de escrúpulos para denegrir a imagem dos outros.

A tentativa de nos impedir o raciocínio.

A inveja.

A religião, etc..., etc...

Viver é um constante aprendizado.

Precisamos compreender que, "a cada um será dado conforme suas próprias obras", somos os únicos responsáveis pelo nosso destino

24　Algemas Invisíveis

INGRATIDÃO OU COBRANÇA

"Nossos filhos não são indivíduos cujos direitos e gostos respeitamos. Eles são basicamente extensão de nossos egos e oferecem oportunidades para o exercício do autoritarismo".

Ruth Fulton Benedict

Ela estava inconsolável, afirmava que fora vítima de terrível ingratidão.

Perguntei-lhe a razão e ela respondeu: - Meu filho não quer ser médico!

Chorando dizia que dedicara toda sua vida àquele jovem e agora que ele crescera tornara-se um ingrato não realizando os sonhos que ela sonhou.

Por que os filhos têm que tornar realidade o sonho dos pais?

Ser pai ou mãe é diferente de acreditar-se proprietário dos filhos e querer determinar o futuro deles.

Muitos pais planejam o futuro dos filhos sem consultar-lhes os ideais.

Vai longe o tempo em que até o casamento eram os pais que escolhiam.

Se uma criança do ensino fundamental tem 8 matérias e no final do bimestre tira uma nota vermelha os pais massacram-na. valorizando apenas a nota baixa, esquecendo-se das outras sete azuis.

Nós, seres humanos, sempre nos detemos no que acontece de pior, infelizmente.

Dizer-se vítima da ingratidão dos filhos é ter criado expectativas que só existiram dentro da cabeça dos queixosos.

Cada ser humano possui em si um universo de conhecimentos adquiridos em outras vidas. Isso fica claro pela diversidade de comportamentos e aptidões que as crianças apresentam, embora recebam a mesma educação e tenham nascido do mesmo pai e mãe.

"O que provém da carne é carne, o espírito procede do espírito".

Já diz o brocardo popular, os dedos da mão não são iguais.

Não podemos criar expectativas sobre nossos filhos ou de quem quer que seja e fazer delas o motivo principal da nossa vida.

Devemos tomar muito cuidado com as expectativas que criamos com relação às pessoas, seja qual for o tipo de relacionamento.

Cada ser escolhe o caminho que deve seguir

e recebe da vida a oportunidade de que necessita para poder evoluir.

Não somos donos dos nossos filhos. São jóias preciosas que não nos pertencem e a qualquer tempo pode acontecer que tenhamos que devolvê-las.

Não existe ingratidão quando compreendemos que todos somos livres para realizar as experiências que desejamos.

26   Algemas Invisíveis

Amar sem posse é a melhor saída, para não dizer-se amanhã vítima de ingratidão.

Amparar sim, dominar não, amar sim, possuir não.

Jamais teremos o poder de interferir nas experiências que aqueles que amamos escolheram passar.

Nossos filhos não são bibelôs para dispormos na hora em que desejarmos.

Ninguém é de ninguém.

Se amarmos verdadeiramente e não cobrarmos pagamentos por esse amor, não sofreremos desse suposto mal, chamado ingratidão.

Estamos aqui para aprendermos a amar.

28   Algemas Invisíveis

FELICIDADE E CULPA

"Quando eu disse ao caroço de laranja, que dentro dele dormia um laranjal inteirinho, ele me olhou estupidamente incrédulo".

Hermógenes

Um dos maiores inimigos da felicidade é a culpa.

Muito utilizada por algumas religiões, a culpa é poderoso instrumento para conversão e coação de alguns incautos.

Algumas religiões com o desejo de manter o homem sob o seu jugo opressor chegam mesmo a afirmar que o homem já nasceu culpado.

Com isso incutem desde a infância da criatura o sentimento de culpa que psicologicamente lhe será prejudicial no decorrer de toda sua vida.

Vale a pena analisar e pensar a respeito, as religiões que trabalham esse aspecto estão sempre voltadas para o passado do seu profitente, pois é ali onde elas encontram as algemas da culpa tão bem exploradas pelos seus dirigentes.

Onde houver sentimento de culpa está presente o remorso.

Onde existe culpado, pode haver punição.

É justamente na hora das supostas punições que essas religiões aparecem como verdadeiro eldorado para os aflitos, oferecendo uma salvação mentirosa.

A salvação oferecida é uma muleta poderosa para aqueles que não pensam por si mesmos.

É preciso que se diga que não existem culpados existem sim, pessoas responsáveis pelos seus atos. O sentimento de culpa é fator impeditivo da felicidade.

Preocupado em não ser acusado pela sociedade e pelos religiosos, o homem representa várias personagens de acordo com a situação.

Sendo assim, ele passa pela presente encarnação, tentando ser o que os outros desejam, nunca o que ele mesmo quer e precisa ser devido à sua condição evolutiva.

Ser responsável é diferente de ser culpado.

O responsável responde à sua própria consciência pelos equívocos perpetrados.

O responsável é aquele que deve estar disposto a arcar com o ônus dos seus equívocos e amealhar os bônus dos seus acertos.

É possível ser feliz nesta vida, pois Deus nos proporciona os meios para isso.

Liberar-se do sentimento de culpa.

Não procurar culpados pela nossa infelicidade.

Não aceitar a pecha de culpado.

Não aceitar o julgamento de outros homens.

A felicidade é uma conquista individual, ela deve ser conquistada através de nosso próprio esforço.

Identificando a presença de Deus dentro de si certamente o homem será mais feliz.

Deus está pronto a se manifestar em todos os momentos que manifestarmos amor uns pelos outros.

Os erros fazem parte do aprendizado, a culpa é a corrente que a ignorância coloca em nosso coração e alguns religiosos desejam apertar.

Liberte-se através do amor.

32 Algemas Invisíveis

DÁ UM TEMPO!

"*O tempo é muito lento para os que esperam, muito rápido para os que têm medo, muito longo para os que sofrem, muito curto para os que se alegram. Mas para os que amam, o tempo não é*".

Henry Van Dyke

Tempo é uma questão de preferência.

A frase merece nossa reflexão.

Com a luta pela sobrevivência dedicamos a maior parte do nosso tempo às conquistas que nos permitam ter uma qualidade de vida melhor, no aspecto material todavia, devemos analisar se não estamos perdendo muito tempo com isso.

Como tempo é uma questão de preferência, deixamos de lado muitas vezes verdadeiros tesouros na vida. Vejamos:

Temos reservado um tempinho para nos relacionar com nossos pais?

Cuidado, o tempo pode passar e daqui a pouco não vai dar mais tempo.

Temos tempo para visitar nossos amigos?

Cuidado, a vida pode não nos dar tempo de sair de casa.

Há quanto tempo não falamos com nossos avós?

Cuidado, os anos passam e é muito triste se sentir sozinho.

Não temos tempo para aceitar a limitação dos outros?

Cuidado, o tempo é o mesmo; implacável com os indiferentes.

Não temos tempo para telefonar e dizer às pessoas que estamos com saudade?

Cuidado, dia desses pode não dar mais tempo para matar a saudade.

Se existe um tempo bem aproveitado é o tempo que se gasta relacionando-se com as pessoas. Por mais que o interlocutor seja simplório na nossa visão, ele sempre terá o que nos ensinar.

Hoje em dia, com essa falta de tempo, precisamos encontrar tempo para as relações humanas, para os abraços, os apertos de mão...

Hoje em dia com essa falta de tempo, não temos tempo para perder tempo com o amor.

A vida irá nos ofertar tudo aquilo que dermos a ela, isto é certo e inapelável.

A cada dia recebemos do banco da vida 24 horas para gastar; 86.400 segundos para fazer o que desejarmos.

Se não encontrarmos tempo para nos relacionarmos com as pessoas, aceitando os defeitos que elas têm, a vida certamente não nos dará tempo para compreendermos que somos imperfeitos também.

Encontremos tempo para perdoar, para pedir perdão.

Quem tem tempo para o perdão, não sofrerá ao longo do tempo a angústia de experimentar um tempo futuro de amargura e solidão.

Encontremos tempo para gastar o tempo, falando de amor.

Quem gasta tempo falando de amor, não encontra tempo para pensar na dor.

Nestes tempos difíceis deve existir alguém necessitando que tenhamos tempo para dizer a ela: faz tanto tempo que eu queria ficar um tempo a seu lado.

Quando encontrarmos alguém que gostamos muito e esse alguém nos disser que não tem tempo para nos visitar, compreendamos. Certamente esse alguém está sem tempo para entender que o melhor tempo é gasto distribuindo amor todo o tempo possível.

Tempo é uma questão de preferência.

36 Algemas Invisíveis

AMIZADE OU HIPOCRISIA?

"De amigo a gente não cobra presença, cobra saudade".

Carlos Mauricio

É muito interessante a maneira como cobramos atenção das pessoas.

Colocamo-nos invariavelmente na posição de vítimas, sempre relegadas ao segundo plano.

Poderíamos relatar um sem número de situações, nas quais nos acreditamos abandonados por amigos e familiares. É certo que aqui na Terra não existe ninguém inocente.

Quando cobramos visita ou atenção de alguém, demonstramos com essa atitude a nossa imaturidade espiritual e nosso despreparo emocional diante da vida.

Cobrar atenção de quem quer que seja é desejar manter uma relação de hipocrisia.

Cada um dá o que tem, o que pode e o que sente, na hora em que deseja.

Relação sem espontaneidade é relação mascarada, falsa.

Se em algum momento da vida você se sentiu sozinho, analise com honestidade como andam suas relações afetivas. Ninguém pode colher o que não plantou.

Acusamos os outros de nos abandonar, mas vivemos abandonando.

Será que aqueles a quem cobramos atenção receberam de nós veras demonstrações de amizade e respeito ou estamos procurando um motivo para falar mal dos outros?

Por que cobrar dos outros aquilo que nem Deus espera que eles façam?

Já escrevemos anteriormente que, todas as expectativas que criamos com relação às pessoas, são de nossa responsabilidade; portanto...

Cobramos os outros porque queremos acusar as pessoas posteriormente, desejamos mostrar à sociedade o lado ruim do nosso semelhante e exaltar o nosso comportamento masoquista, nossa autopiedade.

Esta problemática acontece rotineiramente em nossa vida, seja no seio familiar, ou nas relações de amizade. Acreditamo-nos eternos credores da atenção alheia.

Todas as vezes em que nos predispomos a cobrar a atenção de alguém, é sinal de que não temos uma relação fraterna com esse alguém, temos sim o desejo de retaliar alguma situação mal resolvida anteriormente.

Antes de acusarmos a quem quer que seja de nos abandonar, analisemos honestamente o nosso próprio comportamento.

A afirmação de Francisco de Assis de que: "é dando que se recebe", traz em seu bojo um convite terapêutico para que abandonemos esse comportamento infantil. Essa prática terapêutica, nos exorta a sair da conduta egocêntrica que nos caracteriza a condição evolutiva.

Tem mais amor, quem dá mais amor. É menos solitário, aquele que é mais solidário.

Recebe mais visitas, quem visita mais.

É tratado com lealdade, aquele que é mais leal.

Tem relacionamentos honestos, aquele que é honesto em suas relações.

Enquanto não nos dermos conta de que temos que dar para receber, continuaremos a cobrar dos outros sentimentos que ainda não existem em nosso próprio coração. Seja qual for a sua situação, não cobre atenção e afeto que não fez brotar no coração alheio.

A vida nos devolve sempre o que nós ofertamos a ela.

40   Algemas Invisíveis

A Criação da Mulher

"O homem nasce do ventre da mulher e volta ao ventre da mulher para uma composição sem fim, que é a humanidade".

Jorge Andrade

O Dia Internacional da Mulher foi criado em homenagem às vítimas de um episódio trágico ocorrido nos Estados Unidos. Em 1857, mulheres operárias de uma fábrica de tecidos em Nova Iorque se rebelaram contra suas condições de trabalho. Foi a primeira vez que as mulheres se uniram para reivindicar melhorias. Mas a rebelião foi contida de forma violenta e 129 tecelãs vieram a falecer carbonizadas dentro da fábrica. Em 1910 surgiu a idéia de se criar uma data para se homenagear essas operárias. Em 1975 a ONU decretou o dia 8 de Março como o Dia Internacional da Mulher.

* * *

Rita Lee afirma em sua canção, "mulher é bicho esquisito, todo mês sangra".

É o bicho mais esquisito, porém o mais encantador de todos.

Pode ser esquisito, mas a mulher é o único ser capaz de personificar, de materializar o amor. Toda mulher é única, um universo especial.

Mesmo enfrentando preconceitos arraigados no machismo que visa mantê-la sob jugo opressor, a mulher vem conquistando o que é seu de direito.

Disseram que ela foi criada da costela do homem, quanta bobagem. Costela é carne de segunda. Eca...

Não se tm noticia de que depois de dar sua costela para a criação da mulher Adão tenha ficado torto, adernado, pela falta da tal costela.

São afirmações absurdas, que trazem em seu bojo o preconceito machista desde Moisés.

Prefiro acreditar em outra história; dizem que quando Deus criou o homem, ele sentiu a necessidade de enviar um anjo para lhe fazer companhia.

Deus então pensou,... pensou,... e ao contemplar o jardim do paraíso viu uma flor de rara beleza.

Retirou-a do Éden e deu-lhe forma humana dizendo:

– Tu serás o anjo da guarda do homem. Serás tão inteligente, que permitirás que ele acredite ser mais inteligente do que tu és. Todavia na hora das lágrimas teus braços serão o refúgio seguro onde ele buscará o refazimento. Tuas mãos serão como pétalas que acariciarão o coração endurecido do homem, fazendo-o esmorecer. Não te entristeças pela perseguição e discriminação que o próprio homem impingirá contra ti. Dentro dele existirá a certeza que tu és minha representante no mundo. O homem promoverá barbáries e contendas, mas gradativamente irá se convencendo que tu deves dirigir o destino da Terra.

42 **Algemas Invisíveis**

Comovida, ela pergunta ao criador:

– Quando enfrentar as dificuldades no mundo onde buscarei forças para suportar?

– Serás mãe, serás co-criadora da vida. Como mãe terás a certeza de que o homem e o mundo estão sob tua responsabilidade.

A flor mulher ouviu tudo com atenção e sorrindo agradeceu.

– Não precisa agradecer – disse o Todo Poderoso – tem apenas mais um detalhe. Irás sangrar a cada trinta dias. Os sangramentos são pétalas de vida, que se desprenderão de ti todos os meses. Essa é tua origem, flor mulher. Agora vai e ensina o homem a amar.

44   Algemas Invisíveis

ROBÔS HUMANOS

"Cada um sabe a dor e a delícia de ser o que é".

Caetano Veloso

Mahatma Gandhi, Madre Tereza, Martin Luther King, John Lennon, Pablo Picasso; o que essas pessoas têm em comum?

Atuando em diferentes áreas da sociedade diríamos que elas não têm nada em comum; ledo engano, elas têm, sim, algo em comum.

Ousaram ser elas mesmas.

É muito difícil ser você mesmo, a maioria das pessoas tenta seguir um padrão previamente determinado pala sociedade. Há que se ter coragem para ser diferente, ser o que é.

Assumir as conseqüências de ser autêntico não é para qualquer pessoa.

Os diferentes são discriminados, vilipendiados.

As pessoas sofrem porque na maioria das vezes buscam ser o que os outros querem que elas sejam, ser diferente é ser autêntico.

Permitimos que a sociedade modele nosso comportamento, por isso as pessoas em sua maioria são frustradas.

Você sabia que a palavra "pessoa" vem de persona, que significa máscara? Quando alguém diz: ele é uma boa pessoa, certamente estará dizendo: ele utiliza muito bem a máscara social que a sociedade lhe impõe.

O preço de representarmos papéis em nossas atividades do dia a dia é o sofrimento e a frustração.

Tentar ser o que a maioria finge que é, é deveras frustrante.

Raramente ouvimos o que se passa em nosso ser, em nosso coração. Ouvimos apenas o apelo para a competição, para o consumismo que não irá nos levar a lugar algum.

Ser diferente é se ouvir, se aceitar, se amar, pagar o preço das próprias escolhas.

Os vitoriosos são diferentes, pois são eles mesmos.

É muito difícil assumir a si mesmo; é necessário se autoconhecer para melhor viver.

As escolas modernas preparam os alunos para passar nos vestibulares da vida, nenhuma delas permite e incentiva os jovens a serem eles mesmos, a trabalharem suas idéias e potencialidades; são fábricas de robôs.

Seja você mesmo, é um desafio que certamente o surpreenderá.

Viva o prazer de conquistar-se.

Que graça tem fazer o que todo mundo faz?

Cada ser carrega em si o dom de ser feliz.

Mas vai um aviso, prepare-se, a sociedade não perdoa os diferentes, os que têm coragem de ser eles mesmos; você vai ser massacrado pelos robôs humanos. A maioria deseja que você siga os mesmos padrões para continuar dominando-o e vê-lo infeliz.

46 **Algemas Invisíveis**

A partir do momento em que você assumir a si mesmo sua vida mudará.

A frustração desaparecerá e você não estará mais sozinho no meio da multidão, estará consigo mesmo, vivendo, não mais existindo.

Bata um papo com você e assuma-se, seja diferente sendo você mesmo. Feliz descoberta!

Bem vindo ao rol dos diferentes.

Bem vindo ao rol dos que tomam a vida nas próprias mãos.

48   Algemas Invisíveis

NOSSOS DESEJOS, NOSSOS SOFRIMENTOS...

"*Não podemos parar no caminho do aperfeiçoamento de nós mesmos. Tão logo você notar que tem maior interesse pelo mundo exterior do que por você mesmo, é preciso que saiba que o mundo caminha atrás de você*".

Tolstoi

A vida é nossa grande mestra, ela nunca nos dá o que queremos; contudo, nos transforma em criaturas abastadas das oportunidades de que necessitamos para evoluir.

Diante de alguns fracassos, nossa tendência é procurar os responsáveis pela não realização de nosso desejo.

Não aceitamos o fracasso e ele deve ter um culpado, que certamente são os outros. Se não passamos em um concurso, é porque houve fraude.

Se o relacionamento não deu certo, é porque o outro é culpado.

A promoção não veio. Certamente, o que conseguiu é puxa-saco.

Poderíamos listar aqui um sem-número de situações nas quais não nos faltaria justificativa para acusar os outros.

Esquecemo-nos de que às vezes não temos preparo para lograr o êxito em determinados concursos.

Um relacionamento envolve mais de uma pessoa, portanto, temos nossa quota de responsabilidade.

Na promoção, talvez ainda não estejamos preparados para executar tal função.

É importante que façamos as coisas que dependem de nós com alegria. A vida sempre nos dá sinais do que está acontecendo e do que pode vir a acontecer.

Um brocardo popular afirma: "Quem nunca comeu melado, quando come se lambuza". Eu ainda acrescentaria, "e fica com diarréia".

Muitos mudam com o mais simples cargo, outros chegam a menoscabar o próximo e o Estado quando ocupam cargo público.

Outros mais, trocam de parceiros como trocam de camisa, esquecendo-se de que a infelicidade reside dentro deles próprios.

Se todos os nossos desejos fossem realizados certamente sofreríamos muito mais do que supomos sofrer hoje.

É imperioso que continuemos lutando por nossos ideais, todavia, é urgente que comecemos a agradecer o que a vida nos proporciona em nossa realidade atual.

O conceito de felicidade é relativo, depende da posição de cada um no contexto social em que está inserido, de sua condição evolutiva.

Só não podemos esquecer que a felicidade verdadeira é conquista pessoal, intransferível e certamente ela começa a ser sentida na paz que experimentamos em nossa consciência.

50   Algemas Invisíveis

Ninguém pode nos entregar a felicidade embrulhada para presente.

Conquistemo-la a partir de agora, aceitando nossas limitações, mas esforçando-nos cada vez mais para melhorar.

Esqueçamos os outros, a nossa competência tem o tamanho da nossa vontade.

Aprendamos a dominar os nossos desejos; o coração insaciável e sem medida é o artífice da própria infelicidade.

Nada de conformismo, a vida pede realismo. Não cobremos de nós próprios, aquilo que nem Deus espera que façamos. Nossos desejos, nossos sofrimentos.

52   Algemas Invisíveis

ÁGUA MOLE EM PEDRA DURA...

"Aquele que aprende, mas não pensa, está perdido. Aquele que pensa, mas não aprende, está em grande perigo".

Confúcio

Enquanto uns trabalham, outros atrapalham.
Uns abençoam, outros malsinam a própria vida.
Alguns agregam, a maioria discrimina.

Cada um cumpre seu papel, acreditando fazer o certo, todavia, cada qual recolherá no presente os recursos e bênçãos que tiver semeado nos dias passados.

Nosso presente é o reflexo dos nossos atos passados, portanto se a colheita nos dias atuais não é de alegria e felicidade, precisamos envidar nossos melhores esforços para modificar o hoje e semear um melhor amanhã.

Coloquemos nossa mente acima das dores, nosso coração acima das mágoas.

Aceitemos as dificuldades sem reclamar, entretanto, não deixemos de lado o desejo de ser feliz, a vontade de lutar.

Agradeçamos aqueles que fazem de tudo para nos desvalorizar; na verdade, eles nos dão um valor que não merecemos, perdem tempo precioso tentando nos obstaculizar o progresso.

Nossa condição evolutiva necessita de que tenhamos dificuldades para crescer e sem os empurrões que os adversários nos dão, dificilmente sairíamos do lugar.

Cada lágrima é degrau precioso, experiência a aprender.

Cada alegria, uma dádiva da vida.

Toda dificuldade é sempre uma nova lição.

Cada adversário, um professor em potencial.

Pensamento equilibrado é bem-estar do corpo físico.

Toda enfermidade no corpo é sinal claro de que o espírito está em conflito.

A cada dia a vida nos convida a modificarmos nossas atitudes diante das dificuldades, precisamos despertar.

A dor age como a água no brocardo popular: "água mole em pedra dura, tanto bate até que fura"

Muitas vezes insistimos com pessoas e situações que nos fazem mal.

Devemos empreender uma faxina em nossas vidas.

Comecemos pela nossa mente: joguemos fora todos os pensamentos desagradáveis. Utilizemo-nos da oração sincera como espanador precioso para tirar o pó da desesperança.

A oração no lar funciona como faxina abençoada, para afastar as más influências psíquicas de encarnados e desencarnados.

Pequenas mudanças de atitude, irão se refletir na multiplicação de alegrias na economia de nossa vida.

Conheço algumas pessoas que adoram mudar os móveis de lugar dentro de casa; dizem elas que apreciam estar sempre em ambiente diferente, isso lhes motiva.

Mudemos os sentimentos de lugar, arrastemos o ódio para o lixo, deixemos o perdão no seu lugar. Coloquemos a mágoa no canto e exaltemos o amor no centro de nossas vidas.

É importante que mudemos constantemente nosso panorama mental, empreendendo a reforma que nos compete realizar.

Não nos esqueçamos: água mole em pedra dura... "Coração duro de amargura, a dor tanto bate, que ele amolece de ternura".

56   Algemas Invisíveis

VOCÊ É IMPORTANTE!

Nunca pare de sonhar
Ontem o menino que brincava me falou
Que hoje é semente do amanhã
para não ter medo que esse tempo vai passar
Não se desespere
Nem pare de sonhar
Nunca se entregue
Nasça sempre com as manhãs
Deixe a luz do sol brilhar no céu do seu olhar
Fé na vida
Fé no homem
Fé no que virá
Nós podemos tudo nós podemos mais
Vamos lá fazer o que será

Gonzaguinha

Você é a semente do amanhã, "o que semeardes, isso mesmo irás colher" (Jesus), tenha fé em você.

Adeilson Salles

Não desista dos seus sonhos, você é capaz.

Deixe de lado a cara amarrada, viva um dia de cada vez, sorria.

Se hoje não deu certo, certamente amanhã você conseguirá.

Às vezes, algumas coisas ainda não devem acontecer, pois poderiam ser pedra de tropeço em sua caminhada.

Jamais se entregue, seja um vencedor, vença a si mesmo, seja feliz.

A cada momento, é tempo de fazer um novo tempo, o seu tempo, o tempo da sua vitória.

Não dê atenção para as más notícias, elas corrompem seu bom humor, seja a melhor notícia no jornal da sua vida.

Seja gentil, a gentileza é alavanca poderosa, ela torna as pessoas gentis para com você.

Não se deixe levar pelo desânimo, caminhe um pouco, respire profundamente, cante a canção do Gonzaguinha, "nunca pare de sonhar".

Mude as coisas de lugar, mude o seu cabelo, observe melhor o seu caminho, sempre existe o que descobrir quando olhamos as coisas com amor.

Por que não tentar, o que você vai perder?

Tenha fé na vida, tenha fé em você.

Acredite no amor.

Cuide-se; quem não se enfeita, por si rejeita!

Não tenha medo do tempo que está passando. Certamente, hoje você é bem melhor do que ontem, siga em frente, percebendo a vida, amando a vida.

Você pode tudo se assim o desejar, pode fazer bem mais do que está fazendo hoje.

Ouça mais, fale menos.

Agradeça mais, reclame menos.

Abençoe mais, abençoe sempre.

Confie em Deus, confie em você.

É justamente das nuvens negras que o cercam hoje, que cairá a água fecunda, que renovará a sua vida.

A enfermidade pode ser momento precioso para uma entrevista com Deus e com sua consciência.

Não valorize as adversidades, elas existem para testar a sua capacidade e tornar a vitória muito mais saborosa.

O seu limite é o limite da sua vontade.

A sua vida é o reflexo do que você pensa.

O que você pensa é o reflexo dos seus interesses.

Dê mais tempo a você, "curta-se" mais.

Leia um bom livro.

Como diz Gonzaguinha: Deixe a luz do sol brilhar no céu do seu olhar.

Vamos lá fazer o que será.

Desperte para a vida e seja feliz, você merece sempre o melhor.

Você é importante!

60   Algemas Invisíveis

A DOR E O ESTRUME

A rosa que enfeita e embeleza
Que exala doce perfume
Não prescinde na sua vida
Do convívio com o estrume

Adeilson Salles

Queixamo-nos das dificuldades que a vida nos apresenta.

Reclamamos em demasia de todo e qualquer problema.

Alegando legítima defesa, perdemos tempo, acusando este ou aquele pelo nosso fracasso.

Em uma sociedade que incita os homens ao consumismo exacerbado e à competição desmedida, as lutas são inglórias.

Todavia, não nos cabe desistir de nossos objetivos.

Do lodo medram os lírios.

Após longa madrugada, sempre chega um novo amanhecer.

Após a tempestade, a natureza se mostra cada vez mais bela.

Ninguém passa pela vida sem experimentar as lutas para o próprio burilamento.

Mesmo com estrume no pé, a roseira não deixa de embelezar o jardim com mais e mais rosas.

Cada rosa esparze seu aroma.

Quando detemos nossa marcha para retirar o estrume de nosso pé, arriscamo-nos a sujar as mãos e o coração.

O estrume em nossa vida pode ser chamado dor.

A dor sempre tem função educativa.

Não podemos nos permitir ficar inermes diante das dificuldades.

Tal qual a flor que encanta e perfuma, devemos seguir adiante, por mais estrume no pé.

Tudo na natureza cumpre papel fundamental na programação evolutiva do universo. Não estamos no mundo a passeio, viemos a trabalho, estamos aqui para aprender.

Adubados pela dor, dia virá em que poderemos exalar o perfume do verdadeiro amor.

A rosa ainda nos ensina que mesmo em meio a espinhos é possível embelezar o mundo.

Por isso, sigamos adiante!

Diante dos espinhos da calúnia, sigamos trabalhando.

Diante dos espinhos da inveja, sigamos servindo.

No jardim de Deus, somos as rosas pequeninas esquecidas de nosso perfume íntimo e imortal, o perfume do amor.

Não murche frente às dificuldades, floresça, exale seu aroma, encante, embeleze.

Não se deixe despetalar pela preguiça.

Não permita que sua dor se transforme em dor nos outros.

Não podemos prescindir do estrume para nossa felicidade. Mesmo com lágrimas nos olhos, não desista, esse pranto regará seu coração, fazendo nascer novas pétalas de esperança.

A cada novo amanhecer, viremo-nos para o sol e bendigamos o Divino Jardineiro que nos plantou exatamente no jardim que devemos embelezar.

E quando a tempestade cair e o medo quiser brotar em nosso coração, bendigamos a chuva, que benfazeja, virá cumprir seu papel no capítulo da nossa renovação.

Ao fitar uma rosa não nos esqueçamos:

A dor é para o homem
O que o estrume é para a flor
Adubo para o crescimento
Para vitória do amor

64   Algemas Invisíveis

ESTATUTO DAS MÃES

"Tomar a decisão de ter um filho é grave. É decidir, para sempre, ter o seu coração andando por aí, fora do seu corpo".

Elizabeth Stone

Já vai longe o tempo em que denominavam as mães como a "rainha do lar"; nos tempos atuais podemos constatar que ser rainha do lar não é muito significativo, é sinônimo de empregada, mal remunerada e vítima da ingratidão.

A mulher derrubou preconceitos, abriu espaços e conquista cada vez mais sua condição inalienável de igualdade com o homem.

Entretanto, não podemos nos esquecer das heroínas anônimas, vítimas do preconceito e da ignorância, pois pariam sem cessar, acreditando que Deus é quem deveria determinar quantos filhos elas iriam ter.

Hoje, com a informação e os métodos contraceptivos, a mulher pode planejar e ter uma maternidade no mínimo mais responsável.

Os tempos mudaram, antigamente era: "vou ter quantos Deus mandar"; hoje: "precisamos pensar na situação".

Essa mudança comportamental reflete o amadurecimento da mulher e mãe moderna.

O que se verifica na prática é que a grande maioria das mães de hoje, não quer quantidade de filhos a ser mal cuidada, mas, sim, qualidade na educação dos filhos que ela planeja ter e na própria condição dela como mulher.

O tempo passou; não obstante, o amor de mãe é e sempre será a manifestação do amor de Deus entre os homens.

As mães de antigamente, parideiras, abandonavam a si mesmas para anualmente, inapelavelmente, dar à luz mais um rebento, "filho de Deus".

É interessante como nos dias atuais temos necessidade de criar estatutos e leis para nos lembrar de condutas que o respeito humano deveria manifestar em nossas relações.

Por exemplo: criamos o estatuto da criança, porque elas não são respeitadas.

Criamos o estatuto do idoso, porque eles são esquecidos.

Criamos o código de defesa do consumidor, porque não existia relação honesta entre lojas, fabricantes e consumidores.

Brincamos de modernidade, mas somos infantis no trato entre nós.

Você poderia me perguntar: "O que tem a ver tudo isso com o dia das mães?"

Criamos o dia das mães para o comércio e para não esquecermos do papel insubstituível que este ser tem em nossas vidas pelo menos uma vez no ano.

Infelizmente, muitas mães estarão esquecidas no próximo domingo, algumas abandonadas, outras mais, os filhos estão de mal e não falam com elas.

Já que criamos tantos estatutos e regulamentos para nos lembrar de coisas que não deveríamos esquecer, por que não criarmos o estatuto das mães?

Em seu primeiro parágrafo deveria constar:

"Todas as mães, independente de raça, credo, ou cor devem receber pela manhã, um muito obrigado de seus filhos. Fica assim, extinto o segundo domingo de maio como dia das mães, pois dia das mães é todo dia".

O que significa mais um estatuto, para nos lembrar de coisas que deveriam ter mais valor em nossas vidas?

Salve as mães, aquelas que vemos e as que não podem mais ser vistas, mas estão sempre presentes em nossos corações, contempladas agora com os olhos da saudade.

68   Algemas Invisíveis

MEL E FEL

"Não é digno de saborear o mel, aquele que se afasta da colméia com medo das picadelas das abelhas".

Shakespeare

Qual a conquista fácil de se obter na vida?

Seja qual for o projeto desejado é necessário perseverar para lograr o êxito.

Ao observarmos um maratonista, surpreendemo-nos com sua capacidade física em percorrer 42 quilômetros em uma prova.

Maravilhados, exultamos de alegria com as conquistas da ciência.

Emocionados, embevecemo-nos com as palavras de expositores que têm na oratória, verdadeiras sinfonias de esclarecimento e consolo.

O que um maratonista, um cientista e um expositor de sucesso têm em comum?

O maratonista que percorre quilômetros precisou vencer os primeiros 100 metros; o cientista para lograr as descobertas que tanto auxiliam a humanidade principiou pelo estudo das amebas; o orador que arrebata multidões expôs pela primeira vez para reduzido grupo nas escolas básicas.

Para vivenciarmos estados de serenidade e alegria necessitamos exercitar a cada dia o amor em suas mais singelas expressões.

O bom dia acompanhado de um sorriso.

A gentileza no transporte coletivo.

A paciência na fila do banco.

O respeito no trânsito complicado; etc...

Para saborearmos o mel do equilíbrio e da paz é necessário que suportemos as picadelas de nossas irmãs abelhas.

Perdemos muito tempo preocupados em picar nosso semelhante; com isso, um tempo precioso se esvai e fica em nossa boca e no nosso coração um gosto amargo de fel.

Deixemos de lado as picadelas da maledicência, da inveja, do rancor, da mágoa exacerbada.

Adocemos nossa vida produzindo a cada dia o mel do amor.

Através da valorização do afeto em nossas relações poderemos saborear sentimentos de paz e felicidade.

Os estados mórbidos em nosso psiquismo que via de regra experimentamos, são produzidos invariavelmente, pelo nosso desejo incontido de querer revidar as picadelas e manipular as outras abelhas.

Abandonemos o cárcere mental em que nos colocamos voluntariamente, quando queremos que os outros nos amem como desejamos.

Vamos exercitar o amor, mudando nossas atitudes com o próximo.

Retirar Jesus dos lábios e colocá-lo em nossos corações certamente nos levará a saborear o mel do amor.

70   Algemas Invisíveis

Dia virá em que o amor transbordará de nossos corações de tal forma que nos bastará.

Nunca mais cobraremos atenção e amor de ninguém.

O amor estará em nós, e, quando isso acontecer, a compreensão tornar-se-á um hábito em nossa conduta.

As picadelas acontecem para que possamos amadurecer e aprender com nossas irmãs abelhas.

Lembremo-nos de Jesus, o apicultor por excelência.

O Mestre exemplificou o mel do amor rogando que nos amássemos, não obstante, sofreu as picadas da nossa ignorância e testemunhou seu amor por nós pregado numa cruz.

Envidemos todos os esforços para convivermos em harmonia nessa grande colméia chamada Terra.

Somos todos iguais e a reencarnação, lei das leis, permite que após a morte física retornemos à colméia do mundo para pouco a pouco aprendermos a nos amar.

O mel mais puro é produzido pela abelha que mais respeita as outras abelhas.

Nenhuma abelha tem o direito de julgar outra semelhante, pois todas têm ferrão.

Somos os responsáveis pela produção de mel ou fel em nossa vida.

Quem estiver sem ferrão, que atire a primeira pedra!

Adeilson Salles 71

72   Algemas Invisíveis

A FAXINA NOSSA DE CADA DIA

"Como o corpo que não se lava fica sujo, assim alma sem oração fica impura".

Mahatma Ghandi

O asseio pessoal é fator importante para nossa apresentação onde quer que estejamos.

A apresentação conta muito em todos os setores da atividade humana. Na busca de um emprego, na escola, no trabalho, etc...

Não podemos descurar dos cuidados que o corpo físico necessita, afinal, nosso corpo é nossa primeira habitação no mundo.

O que aconteceria se um centro cirúrgico não apresentasse as condições de assepsia adequadas?

Quais as conseqüências para um restaurante, se sua cozinha não fosse limpa quotidianamente?

Como iríamos transitar nas ruas se a coleta de lixo não acontecesse?

Se nossa casa não passasse pela faxina semanal, certamente não apresentaria condições de habitação.

Tudo isso é verdade, mas precisamos atentar para um outro tipo de limpeza que temos muita dificuldade em realizar. Trata-se da faxina mental, a limpeza psíquica, o cuidado com a mente.

Atordoado pela vida moderna, o homem permite que vários detritos psíquicos se amontoem não restando espaço para a paz, tão necessária para uma vida mais feliz.

Esquecemo-nos de que o corpo sempre repercute o estado de lucidez ou enfermidade do espírito que está domiciliado temporariamente nele.

Todo pensamento edificante aciona células neuro-transmissoras que produzem enzimas benfazejas, capazes de proporcionar o bem estar físico.

Pensamentos tormentosos, desejos angustiantes, ao contrário, levam o homem a intoxicar-se de enzimas que provocam o desconforto emocional e a conseqüente infelicidade.

A dona de casa operosa sempre lança mão de produtos de limpeza que lhe permitem manter o lar higienizado para que a família desfrute de uma vida mais saudável.

O produto para limpeza mental, mais eficaz contra as bactérias e microrganismos energéticos criados por nosso pensamento invigilante sem dúvida nenhuma é a oração.

Não aquela fórmula milagrosa e repetitiva ditada por muitos religiosos. Precisamos desmistificar a oração, a prece é acima de tudo o silêncio em nós mesmos, para que possamos tirar o lixo psíquico de baixo do tapete e varrê-lo para fora de nossa mente.

A prece é antes de tudo, abrir a boca da alma para os ouvidos divinos.

A prece é a conversa íntima que todos podemos ter com o Criador, sem a necessidade de nenhum religioso como representante.

Orar é mudar de canal, deixar a tormenta e experimentar a calmaria.

Para isso, quando em oração, não precisamos de demonstrações exteriores; se não conseguirmos silenciar nossa alma não aludiremos o êxito anelado.

Assim como nos higienizamos fisicamente para as lutas de cada dia, é fundamental que façamos a assepsia nas horas mais difíceis através de um estado mental mais elevado; orando.

Existe um brocardo popular que diz: "Por fora bela viola, por dentro, pão bolorento".

Esqueça-se dos faxineiros contratados, essa é uma casa da qual só nós possuímos a chave.

Ore, trabalhe e seja feliz!

Adeilson Salles   75

76   Algemas Invisíveis

DOENÇAS OU DOENTES?

"As enfermidades são sempre oportunidades para a realização de uma auditoria no próprio ser".

Adeilson Salles

O oncologista norte americano Dr. Bernie Siegel, em seu livro "Amor, Medicina e Milagres", relata vários casos de pacientes com câncer que obtiveram uma melhor qualidade de vida e em alguns casos até mesmo a cura, através da mudança de sua conduta mental.

Poderíamos citar inúmeros casos trazidos a lume pelo eminente cirurgião, mas o que desejamos abordar é a capacidade de transformação que todos os homens têm e poucos utilizam.

Cita o médico que alguns pacientes, mesmo com o diagnóstico terrível, optam por enfrentar a doença e lutar para vencer.

Outros, diante da notícia, abandonam a vida voluntariamente, entregando-se ao desânimo e descrendo da própria capacidade de viver.

Uns morrem com o diagnóstico, outros nascem.

Este nascer significa valorizar a vida, valorizar-se.

O choque com o diagnóstico pode significar também o despertar para a vida, que até então estava esquecida.

Segundo as experiências realizadas pelo Dr. Bernie Siegel, os pacientes que sorriem mais, os que oram, os otimistas, obtém resultados mais satisfatórios ao enfrentar a doença.

Os que reclamam em demasia têm uma sobrevida menor, os pessimistas da mesma maneira.

Fica comprovado em laboratório que nós determinamos a vida que desejamos ter de acordo com o teor de nossos pensamentos.

Um outro grupo de médicos norte-americanos realizou interessante pesquisa que merece nossa reflexão.

Suscitaram raiva em um paciente deixando-o muito irritado e colheram amostras de sua saliva para exame. Concluíram os dignos cientistas, que a enzima imunoglobulina A encontrada na saliva, também responsável pela nossa imunodeficiência, é produzida em menor quantidade quando estamos com raiva.

Com isso, estamos mais suscetíveis de adquirir doenças infecto-contagiosas, tais como gripes, resfriados e etc...

É muito importante observarmos a nós próprios diante das dificuldades. Como estamos reagindo a essa ou aquela situação?

Seja qual for a enfermidade, a mente plugada no bem e no amor tem mais possibilidades de superar as enfermidades.

Se existe corpo enfermo, é porque o espírito estava doente antes.

Não valorizar o mal que nos façam, perdoar, esquecer o passado é fundamental.

Entender que a vida na Terra é passageira, que a morte é simples mudança de endereço.

Cuidado com os pensamentos!

Como disse o profeta: "Onde estiver o vosso tesouro, lá estará o vosso coração". Onde está o nosso tesouro?

Os pensamentos mórbidos elaborados em nossa mente serão sempre os fatores determinantes de saúde ou doença, tormento ou paz.

Será que as doenças existem?

Ou existem pessoas doentes?

Pense bem, viva feliz!

80   Algemas Invisíveis

A MORTE E O TURISTA

"Nossa bagagem na breve viagem pelo mundo só pode ser carregada dentro do coração".

Adeilson Salles

Ter "status" é comprar coisas que você não quer, com o dinheiro que você não tem, a fim de mostrar para gente que você não gosta, uma pessoa que você não é.

Por que temos a necessidade de ostentar? De mostrar aos outros nossas supostas conquistas?

E o mais perturbador em tudo isso, é que após a realização do sonho desejado, elegemos um novo desafio, mais uma compra, a sonhada felicidade.

Inicia-se mais uma vez a busca, a luta. O tempo passa e, ufa!!! Conseguimos de novo, mas logo nos cansamos e deixamos de lado; o vazio.

Comportamo-nos como crianças crescidas. Na verdade, não sabemos o que é verdadeiramente a vida.

Até que um dia chega a notícia, "morreu fulano, morreu cicrano", ou a morte se apresenta no seio de nossa família. Desespero.

Temos uma fugaz tomada de consciência e dizemos interiormente: "Não somos nada na vida".

Como é que Deus pode ser tão ruim? Levou meu amigo, meu familiar.

Não obstante o sofrimento causado pela morte, volta à velha vida alicerçada nas bagagens materiais. Nosso desejo é acumular cada vez mais.

Esquecemo-nos da nossa condição de turistas no mundo, não viemos aqui para ficar. A passagem de volta já está comprada, só não sabemos o dia a hora e como será a nossa partida.

Mergulhados na beleza da vida na Terra, cometemos excessos de toda ordem e acabamos nos desarmonizando emocionalmente. São várias as situações de dor e desventura.

A consciência de que somos mortais fisicamente nos torna pessoas mais humildes perante a vida.

Se fôssemos mergulhar no fundo do mar, necessitaríamos de roupa adequada para o mergulho, pois não temos a capacidade orgânica para ficar em baixo da água, carecemos de equipamentos.

Assim é a vida na Terra; para mergulhar transitoriamente na vida física, Deus nos empresta o corpo de carne para a manifestação do espírito.

Um dia nós estragamos a roupa de mergulho ou ela estraga com o tempo e temos que jogá-la fora.

Precisamos emergir da vida na Terra.

Pode parecer paradoxal, mas a consciência de que a morte faz parte desta vida nos leva a valorizar as coisas mais importantes deste mundo.

82   **Algemas Invisíveis**

Nos faz abandonar o "status" e as máscaras que utilizamos para agradar os outros.

Jamais poderemos negligenciar a vida material, o progresso, o trabalho, as conquistas, todavia não podemos nos esquecer, somos turistas mergulhados na carne.

O turista deve aproveitar a paisagem do lugar, não maltratá-la.

O turista deve manter o lugar visitado limpo, não poluir.

O turista deve respeitar os outros turistas, não odiar.

Não nos esqueçamos, somos turistas de passagem por aqui.

A morte é apenas o final de mais uma viagem neste mundo.

84   Algemas Invisíveis

EMOÇÃO E INSTINTO

"Aquele que obtém uma vitória sobre outros homens é forte, mas aquele que obtém uma vitória sobre si próprio é todo poderoso".

Lao-Tsé

A preponderância do lado emocional em nossas ações, em detrimento da razão pode nos levar a vivenciar dissabores terríveis.

É certo que diante de algumas situações, respondemos instantaneamente às circunstâncias que nos cercam.

Dominar as emoções é muito difícil. Entretanto, nossa trajetória evolutiva demonstra que da idade da pedra lascada para os dias atuais já realizamos algum progresso.

Na idade da pedra lascada os instintos, principalmente o de sobrevivência e reprodução, eram preponderantes, a palavra articulada ainda não fora desenvolvida. Comunicávamo-nos através de sons indecifráveis. Uma das formas rudimentares de comunicação era a pintura rupestre, éramos nômades.

Já no período mesolítico o homem deu passos importantes para o seu progresso, o domínio do fogo e a domesticação de animais foram fundamentais para a evolução humana.

Na idade da pedra polida a criação de animais e o desenvolvimento da agricultura, deram-lhe o impulso necessário para a sedentarização, ou seja, o homem fixou moradia e com isso, as primeiras comunidades surgiram.

Iniciamos neste período a vida em sociedade.

Citamos essas épocas, pois embora para muitos não pareça, o homem vem progredindo, a muito custo luta por desenvolver os sentimentos nobres.

O homem moderno faz um grande esforço para dominar as suas emoções. Estamos muito longe de lograr tal êxito, todavia o progresso é real.

Na idade da pedra lascada, o instinto era preponderante.

Nas idades subseqüentes observamos a criatura humana desenvolvendo seu lado inteligente, burilando suas emoções sempre através do sofrimento.

Embora a violência esteja exacerbada nos dias atuais, não é em todos os países que ela acontece da maneira que ocorre no nosso.

É preciso analisar cada sociedade, pois ela é o reflexo de cada um de seus habitantes, de seus valores culturais e morais.

Somos a sociedade, e é preciso que façamos a nossa parte para a reforma da humanidade.

Na hora em que a vida nos apresentar os desafios gerados pela vida moderna, é importante que dominemos as emoções e o instinto de reação.

86   Algemas Invisíveis

Não existe receita mágica, a luta é de cada um, é um caminho que devemos percorrer intimamente; vencendo a nós próprios, quando formos desafiados pelas circunstancias da vida.

Algumas emoções e a reação instintiva muitas vezes nos impedem de discernir.

Certas pessoas sempre têm um discurso apocalíptico, afirmando que o mundo está acabando; discordamos frontalmente, pois o mundo já acabou, para aqueles que não têm coragem de iniciar dentro de si mesmos a construção de um mundo melhor.

Na hora da reação é melhor pensar: "Sou eu que estou agindo? Ou estou reagindo às ações alheias?"

Emocionar-se sim, discernimento sempre.

88   Algemas Invisíveis

AS BARREIRAS QUE UNEM

"As individualidades devem ser respeitadas, para que nas diferenças se complementem".

Adeilson Salles

A dificuldade de estabelecermos limites em nossos relacionamentos é seguramente um obstáculo à nossa felicidade.

Isso acontece até nas relações conjugais, quanto mais nas relações de amizade.

Acontece com freqüência nas relações de amizade, principalmente quando estamos fragilizados, de não delimitarmos o território que desejamos ver respeitado pelos outros.

Permitimos que as pessoas penetrem em nossa vida de tal maneira, que tornamo-nos muito vulneráveis.

Esquecemo-nos de que todas as pessoas têm dificuldades, e que, imperfeitas como nós, também erram.

Nos relacionamentos conjugais, se os limites não forem estabelecidos um dos dois se submeterá, muitas vezes por livre vontade, ao domínio e dependência psicológica do parceiro.

Nas relações de amizade ocorre o mesmo, é preciso estabelecer limites claros, para depois não acusarmos os outros de traição. A sabedoria popular afirma que: "tudo que é demais, faz mal".

O fato de gostarmos de alguém deve nos levar a preservar esse relacionamento através do estabelecimento de pontos de segurança. A falta de limites estabelecidos em qualquer relação, mais cedo ou mais tarde irá levar tal relacionamento à deterioração emocional.

As relações afetivas de qualquer natureza precisam ser cuidadas como jóias preciosas.

É necessário amadurecermos estes conceitos interiormente, estabelecer limites não significa que haja falta de confiança das partes, mas sim, uma independência necessária e salutar.

Os relacionamentos mais duradouros vencem o tempo, justamente pelo respeito à individualidade inalienável, direito de cada ser.

Muitos não conseguem estabelecer saudáveis barreiras psicológicas em seus relacionamentos, com isso têm sua privacidade invadida nos momentos que menos desejam ou tornam-se reféns emocionais voluntariamente.

O casamento, por exemplo, passa por várias fases, mas a mais difícil delas é aquela em que o casal não consegue enxergar a individualidade de cada um como tempero diferente, que se aceito, irá contribuir para o amadurecimento e conseqüente crescimento da relação.

Casamento significa respeitar, combinar, casar as individualidades diferentes sem violentá-las.

O tempo vai passando e felizmente a cultura de que todo casal tem o cabeça, está sendo deixada de lado, pois todo casal deve ter duas cabeças, cabeças diferentes, para a equânime felicidade dos dois.

O tempo dos holocaustos domésticos está fadado a terminar um dia, as mártires do lar estão diminuindo, está crescendo o número de pessoas conscientes, aquelas que têm a coragem de dialogar, de lutar por sua opinião.

Quando não existe respeito nos relacionamentos, dia virá em que teremos no mundo, mais um infeliz.

92   Algemas Invisíveis

AMOR E FARINHA

"O placebo cura 30% dos pacientes, não importando o que eles tenham".

David Kline

    O menino era paciente terminal de câncer e sofria muitas dores. O médico, impotente, utilizou todos os recursos possíveis para auxiliar o petiz.

    O doutor, entristecido, sabia que a morte não tardaria e pensava em alguma maneira de atenuar as dores implacáveis que não deixavam o garoto sequer dormir.

    O sofrimento para ele não era novidade, em tantos anos de profissão perdera muitas batalhas para a doença. Todavia, existia algo no olhar daquele menino que lhe infringia um sofrimento nunca antes experimentado.

    Todas as vezes que a criança manifestava em suas ações seu espírito infantil e iniciava alguma brincadeira, a dor vinha impiedosamente levando o garoto às lágrimas.

    Um dia o médico chamou o garoto e disse:

Tenho aqui para você, um remédio novo e milagroso, você vai tomá-lo e vai poder brincar. E todas as vezes que a dor voltar, você tomará essa pílula mágica, está bem? – os olhos do menino brilharam de esperança.

Ele tomou a pílula e milagrosamente as dores desapareceram, ganhou qualidade de vida, voltou a sorrir e a brincar.

E todas as vezes que a dor voltava, ele procurava o médico e dizia: Dá-me a minha pílula mágica para que eu possa brincar.

Ele viveu por mais três meses, três meses sem dor, três meses sorrindo.

Indagado por companheiros de profissão quanto à terapêutica utilizada com o menino, o médico respondeu:

As pílulas mágicas eram feitas de farinha, eram "placebos", não tinham nada de especial, especial era a fé do garoto, foi ele que determinou a qualidade do resto de vida que teve.

A vontade de viver é determinante em qualquer situação, a coragem de vencer é decisiva.

A fé na vida, a alegria nas pequenas coisas têm valor terapêutico, ajudam a espantar a tristeza, as doenças.

O que pode realizar um comprimido de farinha quando se tem fé?

A vontade de viver, de lutar, é o primeiro passo para a grande vitória. A melhora do corpo ocorre, quando o espírito se conscientiza de que cabe a ele virar o jogo.

Não adianta termos à nossa disposição toda a tecnologia, se a alma não estiver disposta a viver.

94   Algemas Invisíveis

O médico só se esqueceu de dizer aos colegas de profissão, que junto com o placebo de farinha ele deu ao menino o seu amor, a sua preocupação, o seu carinho.

Uma colher de água, uma dose de perdão, drágeas de esperança e amor a gosto, fazem a diferença em nossa vida.

Na verdade, quando o homem ama, reflete a luz do Criador.

Acredite na sua capacidade de amar e tenha fé na farinha que desejar.

96   Algemas Invisíveis

EDUCAÇÃO PARA A MORTE

"Educar-se para a morte não significa que devamos passar os dias esperando a chegada dela. Ter consciência de nossa transitoriedade neste mundo nos ajuda a não vivermos presos às coisas daqui".

Adeilson Salles

Quando nascemos, nossos pais têm a preocupação de nos proporcionar a melhor educação.

Quando possível, matriculam-nos nas melhores escolas, tudo isso com o desejo de nos preparar para a vida.

Assim também fazemos com nossos filhos, procuramos oferecer o melhor.

Entretanto, tão importante quanto o nascimento é a morte. Não é nosso desejo tornar esta página em um texto tétrico e desagradável. Todavia a consciência de que um dia iremos morrer faz com que sejamos mais comedidos e sensatos para viver a vida.

Arrojamo-nos nas conquistas materiais exageradamente e vivemos a essência da vida muito pouco.

A morte que é algo natural é temida e parece acontecer apenas com os outros.

Educarmo-nos para a morte, não significa que devamos viver como condenados, mesmo porque a morte física é o prosseguimento da vida.

Todas as religiões concordam que a vida não termina no túmulo, a divergência entre elas é conceitual, quanto à maneira como a vida futura se processa.

Ninguém deve esperar a vida futura para ser feliz, a felicidade deve e pode ser encontrada já, mas certamente se fará presente em nossa jornada pelo mundo, quando tivermos consciência de que estamos apenas de passagem.

A vida material é uma venda nos olhos da alma, uma venda que tem o poder de não nos permitir enxergar a nós próprios, como espíritos imortais.

Devemos falar sobre a morte com os nossos filhos. A morte faz parte da vida assim como a vida se mostra radiosa após a morte.

Repito que a vida deve ser vivida intensamente, porém a consciência da mortalidade física amadurece-nos favoravelmente, torna-nos humildes.

Assim como fomos educados para vencer na vida, devemos nos educar e educar nossos filhos para que vençam a morte.

O fenômeno natural da cessação da vida biológica deve ser encarado com naturalidade, pois aqui na Terra nada nos pertence, nem aqueles que amamos.

Quanto mais conhecermos nossa condição de viajantes da eternidade, menos estaremos presos às querelas que nos fazem sofrer. A morte nos torna todos iguais.

Se a vida não está correndo como desejaríamos, é preciso nos esforçar para melhorar. Não adianta sonhar com o céu, pois ele é conquistado a partir de agora através de uma vida serena e consciente.

Se você está com dificuldades em aceitar a morte de um ser amado, lembre-se de que ele não lhe pertence.

Agradeça a Deus a oportunidade de ter convivido com ele e ofereça-lhe a flor do seu equilíbrio.

Quando a saudade o fizer sofrer, recorde-se dos melhores momentos e não se esqueça de que a morte não mata o amor.

Pense bem! Se fosse você que tivesse partido e observasse o desespero dos que ficaram, certamente você lhes diria:

"A melhor demonstração de amor, que se pode dar a quem partiu, é viver a vida em sua homenagem".

100   Algemas Invisíveis

EM NOME DE DEUS

"Poderá você conhecer a si mesmo, se não conhece a Deus? A verdadeira compreensão de você mesmo é a compreensão de Deus".

Provérbio Persa

A vulgarização de Deus na boca dos homens tem sido prática constante em nossa sociedade.

Nas mínimas coisas evoca-se o nome do Criador, como se a "Inteligência Suprema", estivesse preocupada com as querelas de nossas escolhas e malfeitos.

O jogador de futebol quando faz um gol, ergue as mãos para o céu, como se Deus tivesse preferências futebolísticas. Quando ocorre a vitória do seu time, ele diz textualmente: "Graças a Deus conseguimos vencer"; como se o outro time também não merecesse. A vitória no campo esportivo advém do esforço dos atletas, Deus não tem nada a ver com isso.

Alguns religiosos afirmam: "O nosso Deus...", como se alguém fosse proprietário da Divindade, parece que Deus está sendo disputado pelos ignorantes das verdades celestiais.

Outros dizem, como se enunciassem alguma novidade: "Deus é fiel". Deus sempre foi fiel, pois Ele é imutável; nós, ao contrário, somos totalmente volúveis em nosso comportamento emocional, afetivo, etc...

A gratidão pelas vitórias na vida é prática edificante para nossas almas, mas estamos extrapolando em nossa conduta.

Observemos o comportamento daqueles que matam em nome de Deus. Dizendo-se eleitos pela Divindade, julgam-se capazes de assassinar o semelhante, municiam-se de bombas e partem para a chacina como quem vai para o paraíso.

O homem tenta legitimar todos os seus atos, mesmo os mais abjetos, abrigando-se sob o nome de Deus. Não importa se está matando o semelhante; para ele a sua concepção religiosa é a mais importante e a única verdade absoluta.

Acredita-se herdeiro do paraíso, levando o semelhante a um inferno de dor e lágrimas.

Percebe-se a cada dia em que a violência recrudesce, que o estopim das bombas assassinas é sempre o mesmo, "o egoísmo".

Estopim esse que está aceso no coração humano e só será apagado ao longo dos séculos vindouros, infelizmente.

Assim como o carro sem bateria, o homem só pega no tranco, através do safanão da dor.

Em todos os lugares existem homens e mulheres-bomba. Essas bombas invisíveis são detonadas diariamente, no trânsito, no lar, no trabalho.

Detonamos muitas bombas que acabam por explodir a nossa própria paz.

A bomba da maledicência, da indiferença, da inveja, da preguiça, a bomba da falta de amor, etc...

O nome de Deus evocado nas situações mais comezinhas da vida soa vazio, na boca daqueles que ainda não compreendem que a única maneira de se aproximar de Deus, é aproximando-se do semelhante. Em nome de Deus se mata, se rouba, se discrimina. Em nome de Deus, se diz o que se quer, se faz o que quiser. Passados pouco mais de dois mil anos do advento do cristianismo no mundo, está claro que não compreendemos nada.

E assim vamos caminhando, de bomba em bomba, de lágrima em lágrima.

Até que um dia, despertemos para o óbvio; Deus só pode ser encontrado dentro de nós.

Adeilson Salles 103

104   Algemas Invisíveis

JUIZES MÍOPES

"O serviço que prestamos aos outros é na verdade o aluguel que pagamos pelo nosso quarto na Terra".

Wilfred Grenfell

Quando não somos capazes de enxergar os nossos erros, não conseguimos compreender que o maior responsável por nossas dores somos nós próprios.

A ilusão que alimentamos de que sempre estamos certos, é uma grande venda nos olhos da alma.

Nossa tosca visão de justiça nos impele a julgarmo-nos em posição privilegiada com relação aos outros, somos juizes míopes.

Esses comportamentos egocêntricos revelam em nossa conduta, a predominância do egoísmo sobre os sentimentos de fraternidade.

Todas as vezes que julgamos alguém, utilizamo-nos do método comparativo, ou seja, nos comparamos aos outros e acreditamos ilusoriamente, que o que eles fazem, jamais faríamos.

Precisamos compreender que quando identificamos mazelas no comportamento alheio, é porque elas encontram-se também em nós.

Quando apontamos o dedo a quem quer que seja, é porque identificamos nos outros a mesma treva que habita o nosso interior.

Só emitimos opiniões sobre assuntos que conhecemos e nossa indignação sectária perante os equívocos alheios, evidencia que identificamos em nós o que criticamos nos outros.

Temos muita dificuldade em exaltar as virtudes alheias, talvez porque o nosso ego não queira admitir que existem pessoas infinitamente mais capazes do que nós. Quando nos comparamos com os outros, incorremos em dois riscos: – 1º "A falta de humildade; podemos nos acreditar melhor que alguém" – 2º "A frustração; sempre encontraremos pessoas melhores do que nós".

A vida é um infindável convite à conquista de nós próprios. Se analisarmos honestamente as nossas reações diante das vitórias alheias, nos surpreenderemos com nossa pequenez.

Precisamos viver a vida com maior intimidade com nós mesmos, nos auto-conhecendo.

Cabe-nos perguntar quando em frente ao espelho: "Quem sou eu?"

Carecemos de mais honestidade em nossas atitudes, precisamos extirpar do nosso comportamento a maledicência, ferramenta poderosa da inveja, que juramos não sentir. "Ter inveja, logo eu?"

A inveja, na verdade, é uma admiração mal resolvida ou a admiração vestida de lama. A inveja é a admiração que não se assume.

Quando conseguirmos aplaudir com o coração as conquistas alheias, teremos banido de nosso espírito a inveja, também conhecida como, "admiração recalcada".

Todos somos iguais perante Deus, a diferença está no trabalho de cada um.

EM COMPANHIA DE SI MESMO

"O homem não deveria se esforçar para eliminar seus complexos, mas entrar em acordo com eles; eles são legitimamente o que guia seu contato no mundo".

Sigmund Freud

Dizem que o cúmulo da revolta é morar sozinho e fugir de casa.

A frase acima não deixa de ter sentido, pois temos dificuldades em conviver com nós mesmos.

Muitas vezes, quando nos vemos sozinhos com nossos pensamentos, afligimo-nos com as tormentas íntimas que experimentamos. Remorsos, mágoas, etc...

Quotidianamente temos que tomar decisões em nossa vida, e o grande problema é ter que assumir o resultado dessas escolhas.

Quando acertamos, ótimo, mas quando erramos ficamos com a "batata quente" nas mãos, obrigados a conviver com pessoas ou situações que detestamos.

Por isso é importante que em nossas escolhas, ouçamos sinceramente o nosso coração. Nada de afobação. Nossas opções devem ser nossas opções, não a opção dos outros, porque depois teremos que conviver com nossa consciência. Ou seja, estamos condenados a viver em nossa própria companhia, e cá pra nós, às vezes não somos flor que se cheire.

Por que violentar a nós próprios?

Mesmo que nossa escolha cause espanto naqueles que convivem conosco, não devemos nos acovardar diante da vida.

Todas as vezes que procuramos agradar aos outros, desagradamos a nós mesmos.

Conheço uma mulher que passou muito tempo agradando o marido e depois de muitos anos ela descobriu que também tinha vontades.

Quando manifestou seu desejo ao esposo, ele assustou-se, não estava acostumado a conviver com alguém que pensasse, que fizesse escolhas.

Devemos dizer não quando sentimos vontade, e sim com a mesma intensidade.

Uma outra amiga, nunca fazia nada sem o marido, dependia dele para tudo, não buscou realização íntima e profissional, passou vários anos dependendo dele até para comprar suas calcinhas. No dia em que decidiu se fazer respeitar, não deu mais tempo, já estava velha e morreu sem nunca realizar um único sonho, nem mesmo escolher a cor das suas calcinhas.

Um outro caso é o do funcionário que só fazia as coisas que o chefe mandava; hoje ele é ex-funcionário, pois perdeu o emprego por falta de iniciativa.

São tantas as situações, que chega a nos assustar o número de pessoas infelizes, que não têm coragem de fazer escolhas. Não fazer escolhas significa não escolher a vida que se deseja ter. Nossas escolhas, certas ou erradas, nos facultarão o aprendizado que necessitamos.

O fato é que devemos escolher conforme o nosso coração, porque do contrário, estamos condenados a viver insatisfeitos e em nossa própria companhia e nós sabemos o quanto gostamos de nos queixar, já pensou?

110   Algemas Invisíveis

REENCARNAÇÃO

"A reencarnação é a forma pela qual Deus manifesta sua justiça tratando com igualdade filhos tão desiguais".

Adeilson Salles

Quando chegamos a este mundo, não trazemos nada, a não ser aquilo que somos, reflexos patentes de nossas jornadas passadas. Talentos inatos, tendências para o bem ou não, etc..., etc...

A hereditariedade genética, não determina a conduta que o individuo irá manifestar em sua vida.

Se a carne que provém da carne determinasse o caráter, o filho do bandido seria um bandido e o filho do homem de bem, jamais se corromperia.

A diversidade de talentos e aptidões, entre filhos de uma mesma família é intrigante e a reencarnação esclarece isso de maneira clara e racional.

Pergunta-se, como pode acontecer, que filhos de um mesmo pai e uma mesma mãe possam ser tão desiguais?

Observamos muitas vezes o nascimento de filhos idiotas gerados por pais inteligentes e filhos inteligentes, tendo pais idiotas.

A que se deve essa situação?

É muito simplista a explicação de que foi Deus quem quis assim. Um Deus que cria seus filhos assim é um Deus incompetente e tendencioso, pois favorece uns, em detrimento de outros.

A reencarnação é uma lei natural, sábia e equânime: perante essa lei todos somos iguais, pois todos podem evoluir e crescer com os próprios esforços.

As dores que a humanidade experimenta atualmente estão convidando o homem a pensar, a mudar de atitude.

A grande prova da veracidade reencarnacionista está presente em nosso próprio lar, basta analisar os nossos familiares, poderemos constatar o estágio evolutivo em que cada um se encontra. E a animosidade que acontece dentro da própria família? Existem casos de pais que odeiam filhos e filhos que odeiam pais.

Quando formos embora daqui, deixando o nosso carro físico, levaremos conosco apenas a bagagem que nosso coração conseguir amealhar; os sentimentos nobres que tivermos desenvolvido.

Esqueça as penas eternas, inventadas pelos homens para amedrontar outros homens. Quando estes incautos afirmam que Deus castiga ou dá uma recompensa eterna no paraíso, pergunte-lhes:

— Vocês condenariam seus filhos eternamente ao castigo, sem permitir-lhes uma nova chance?

— Como vocês ficariam em paz no céu, aproveitando as belezas do paraíso, se muitos que vocês amam encontram-se no "inferno"?

Aproveitemos mais essa passagem pela Terra, o que importa é estarmos aqui tendo mais uma chance, mais uma oportunidade.

112   Algemas Invisíveis

A reencarnação é a única explicação racional, para tamanha diversidade de criaturas humanas e dores.

Aqueles que a atacam, são os mesmos que não pensam, querendo nos empurrar goela abaixo uma fé desprovida de bom senso, que discrimina, que é supostamente a única detentora da verdade. Já dissemos outras vezes, a única religião verdadeira é a do amor.

A reencarnação é apenas uma lei natural, criada por Deus para dar a seus filhos a mesma oportunidade, segundo as próprias obras.

Quer queiram os homens ou não.

114   Algemas Invisíveis

O AUTOPERDÃO E O REMORSO

"Não podemos cobrar de nós mesmos, aquilo que nem Deus espera que façamos".

Adeilson Salles

Todos nós erramos, isto é fato.

Mas como lidamos com os erros?

Gostaríamos de falar sobre o autoperdão, ou seja, sobre como devemos lidar com os erros que cometemos.

A princípio, somos vítimas da nossa ignorância e isso deve ficar bem claro em nossa cabeça. Ninguém deseja sofrer, todo mundo quer ser feliz.

As nossas escolhas intempestivas e equivocadas, nos levam a muitos sofrimentos; quando colhemos sozinhos os frutos dos nossos erros, tudo bem.

Infelizmente não é assim que ocorre na maioria das situações; alguém sempre acaba sofrendo por causa das nossas dificuldades.

É muito importante que consideremos em primeiro lugar, que os equívocos acontecem por ignorância. Todavia esse comportamento ignóbil não nos exime das responsabilidades sobre o erro perpetrado.

Devemos assumir a nossa responsabilidade perante as pessoas envolvidas, mas é imprescindível que nos auto-perdoemos. O auto-perdão é a chave poderosa para que reconheçamos nossos equívocos e aprendamos com eles. O auto-perdão, compreendido de maneira sincera pela criatura, tem a capacidade de libertá-la das poderosas algemas do remorso.

O remorso, se pode afirmar, é o encontro da alma, com a consciência dos erros cometidos. O indivíduo se defronta com a dura realidade do erro, o que invariavelmente traz conseqüências desastrosas para sua vida pessoal.

É necessário que assimilemos que o remorso é um cárcere onde a pessoa se mantém voluntariamente quando alimenta o sentimento de culpa. O remorso também pode ser alimentado por terceiros, o que causa na pessoa um aumento considerável do sentimento de inferioridade perante os outros.

Desta maneira, aquele que errou vira refém da suposta vítima de ontem ou do meio em que vive. Todas as vezes que ocorre uma discussão, as pessoas atiram em seu rosto: "Mas também, você já fez isso e aquilo..."

Quando erramos, tornamo-nos vulneráveis emocionalmente, a dura realidade do erro cometido enfraquece a pessoa, por isso muitos se aproveitam para promover a subjugação emocional, promovendo com isso, uma vingança sórdida e disfarçada, também conhecida como falso perdão.

116   Algemas Invisíveis

Aquele que não consegue se auto-perdoar sinceramente, está fadado a viver sob o guante implacável do remorso e da perseguição psíquica daqueles que supostamente dizem ter perdoado e esquecido o passado.

O auto-perdão, passa pelo auto-amor, é importante que nos amemos, nos respeitemos, mas acima de tudo, que entendamos honestamente que nossas escolhas equivocadas são oriundas do nosso desconhecimento do verdadeiro sentido da vida.

Quando aprendemos que a chama queima, não nos aproximamos mais do fogo.

Seja feliz se auto-perdoando, mas assumindo com honestidade o resultado de suas escolhas.

Não permita que os outros lhe massacrem emocionalmente atirando-lhe na face algo que já passou.

118   Algemas Invisíveis

A VIDA É SUA

"Sempre teremos que prestar contas à nossa consciência em todas as atitudes que praticarmos, mesmo naquelas em que pensamos não ser vistos por ninguém".

A.deilson S. Salles

Quase acreditamos, quando nos disseram um dia que não éramos capazes de realizar os nossos sonhos.

Quase acreditamos em alguns homens, quando nos disseram que Deus castiga.

Quase acreditamos quando outros nos diziam que poderiam falar com Deus nos representando.

Quase acreditamos em alguns "religiosos", que insistiam em nos dizer que não éramos nada.

Quase acreditamos quando nos disseram que a gente tem no mundo um destino imutável.

Felizmente, percebemos que somos capazes de pensar sozinhos e quando passamos a raciocinar, nossa vida começou a mudar.

Devemos acreditar em sonhos eles são possíveis, devemos lutar por realizá-los.

Temos o que merecemos e se sofremos, colhemos o resultado das nossas escolhas.

Deus nunca nos castigou, Ele nos ama, independente do rótulo religioso ou não.

Aprendemos que se fala com Deus, onde quer que se esteja, bastando para isso, silenciar a boca e abrir o coração. Deus não freqüenta os templos suntuosos, onde o homem exerce o domínio sobre outros homens. O templo de Deus é o coração sincero.

Hoje temos a certeza de que somos o que desejamos ser. Éramos nada, quando não pensávamos, éramos nada, quando nos preocupávamos com a opinião das pessoas, éramos nada quando desejávamos ser iguais aos outros e não nos aceitávamos como realmente somos.

Não estamos irremediavelmente condenados a sofrer e a chorar. É possível modificar a vida, basta fazer com que ela aconteça a partir de nós mesmos, tomando-a nas mãos e decidindo o que fazer.

Toda e qualquer mudança, implica sofrimento, demanda esforços.

Não dá para mudar de comportamento sem que o sofrimento nos convide para uma entrevista.

Não existe parto sem dor, para nascer é preciso chorar.

É factível a todas as pessoas, assumirem-se, aceitarem-se, serem felizes.

A vida nos convida a viver, tomemos a sua vida em nossas mãos e decidamos o que quer fazer com ela.

Não sabemos quando e onde vamos morrer, mas podemos escolher agora o que fazer com a vida.

Hoje, à meia noite, Deus irá depositar no banco da vida 86400 segundos para gastarmos, são vinte e quatro horas de novas oportunidades de conquistas, ou 86400 segundos de queixas, basta escolher.

E o mais maravilhoso de tudo isso, é que o Criador não nos pergunta se gastamos bem os 86400 segundos do dia anterior; Ele simplesmente deposita de novo no dia seguinte. O que estamos fazendo com essa fortuna?

Acreditemos no amor, acreditemos em nossa capacidade de realização.

122   Algemas Invisíveis

AH, COITADO!

"Sempre tive pena de mim mesmo porque não tinha sapatos, até que encontrei um homem que não tinha pés".

Anônimo

A auto piedade é uma barreira muito difícil de ser transposta.

O indivíduo, situando-se na posição de vítima da vida, não consegue vislumbrar sua capacidade.

As maiores dificuldades a serem vencidas em nossa vida, não são aquelas impostas pelas outras pessoas, mas sim, as que nós impomos a nós mesmos.

Assumir a postura de vítima na vida, leva o homem a tentar eximir-se da culpa que ele tenha por uma situação desagradável que esteja vivendo.

Batemos sempre na mesma tecla, de que somos os responsáveis por nossa vida. Devemos ser honestos, pois nosso dia de hoje é o resultado matemático do que fizemos no dia de ontem.

A vida é a nossa "mestra", rica em oportunidades, sempre nos propicia as melhores possibilidades de aprendizado.

Recebemos da vida aquilo que precisamos, raramente o que pedimos.

É mais cômodo se queixar do que se reconhecer responsável pela vida que se leva. A postura de vítima, diante dos problemas, pode servir como bengala psicológica para justificar a covardia frente aos desafios.

A criatura que cristaliza os pensamentos e não modifica a sua postura, tende a experimentar quadros depressivos terríveis.

A justificativa de que nada dá certo, a alegação da falta de capacidade para essa ou aquela função, é o sintoma mais evidente de auto vitimação.

É mais fácil assumir-se como vítima do que se dizer responsável pela situação difícil que se esteja vivendo.

Não existe ninguém neste mundo destituído dessa ou daquela capacidade, todos temos potenciais a serem desenvolvidos.

A frase que nos serviu para introdução no assunto da auto piedade, demonstra de maneira cabal que valorizamos demais as dificuldades que enfrentamos na vida.

Quem nunca assumiu a postura de coitadinho?

O coitadinho recebe mais atenção.

O coitadinho não faz o que normalmente o outro faz, coitado.

O coitadinho é visto como sofredor e incapaz, coitado.

Na verdade o coitadinho é um covarde, que se esconde de si mesmo e não quer se encontrar.

124 Algemas Invisíveis

A sociedade muitas vezes alimenta a figura do coitado institucionalizado e muitos preguiçosos assumem oficialmente essa postura, basta observar a fábrica da mendicância oficial.

O coitadinho pode ser encontrado na família, no parceiro dentro do lar, enfim, em todo lugar.

O coitadinho é aquele que não deseja viver a vida, ele deseja que os outros se apiedem dele, para assim obter benefícios para alimentar a sua covardia.

Ah, coitado!

126   Algemas Invisíveis

46664 - O JARDINEIRO DA LIBERDADE

"O espírito não tem sexo e não tem cor. O amor das almas elevadas sempre se manifesta de forma a elevar toda a humanidade".

Adeilson Salles

Detido em 1962 por lutar contra o "aphartheid" racial (segregação), Nelson Mandela afirma em sua autobiografia que durante os vinte sete anos em que esteve preso não abandonou a sua paixão pela jardinagem.

O numero 46664 é o numero da cela de Mandela, número pelo qual ele era conhecido.

Imaginemos um homem inocente, que passou vinte e sete anos na prisão e tem como paixão a jardinagem. Um homem que, perto de completar 90 anos continua lutando, agora por causas humanitárias; a luta contra a aids, por exemplo.

Personalidades como Mandela, certamente têm muito a ensinar a todos nós. Não duvidamos de que o trabalho é a melhor receita de saúde que alguém pode ter. O senhor Nelson Mandela com seu sorriso contagiante e afetuoso deixa para todos nós um exemplo de amor à vida, à humanidade.

Em sua cela, ele sonhava com jardinagem, pois certamente entendia que a diversidade de flores em um jardim é que faz com que o jardim seja mais bonito. As flores de diversos matizes deixam o jardim salpicado de cores, com harmonia.

A Terra é um grande jardim de Deus e a diversidade de criaturas é que a torna tão bela.

O homem moderno encontra-se preso ao orgulho, encarcerado na solidão. Não se dá conta de que faz parte do jardim de Deus, não se apercebe de que pra ser feliz, precisa conviver com as outras flores, suas irmãs.

Um "aphartheid" silencioso se instala lentamente no coração dos homens, o "aphartheid" da solidão, do medo, da violência.

Precisamos, embora encarcerados em nós mesmos, sonhar como Nelson Mandela com os jardins que podemos erigir a partir de nosso coração.

Adubando as nossas atitudes com gentileza, regando nossos corações com ternura.

Devemos podar de nosso jardim as ervas daninhas do egoísmo, as pragas da indiferença, do mau humor.

Vamos cultivar nosso planeta com amor.

Precisamos encontrar em nós o DNA Divino, independente de rótulos religiosos.

Somos filhos de Deus, flores de Deus no jardim do mundo.

Por vezes, a noite parece tão escura, e a lua tem forma de vírgula; certamente é um sinal do Criador para que a partir dessa virgula entendamos que podemos mudar nossa vida, se assim o desejarmos.

Reflitamos no exemplo do Senhor 46664, que mesmo preso fisicamente, nunca deixou de cultivar o jardim dos seus sonhos.

130   Algemas Invisíveis

O ALPINISTA

"Não devemos permitir que ninguém saia de nossa presença, sem se sentir melhor e mais feliz".

Madre Teresa

Não te falei que tudo ia passar?
Tudo passa na vida, nada é definitivo.
As lágrimas de ontem, as dificuldades, as barreiras lhe tornaram uma pessoa melhor e maior, percebeu?
Olhe para você, antes tão fragilizada, hoje essa determinação.
Agora você já consegue sorrir.
Atrás do suposto ponto final, vieram as reticências..., a história nunca termina.
Quantas vezes você pensou em desistir de tudo, se tivesse abandonado seus projetos, estaria arrependida.
Vi seus olhos encherem-se de lágrimas, vi suas mãos súplices em direção ao céu.
Talvez as pessoas que o magoaram nem tenham mudado tanto assim, mas não importa, certamente foram fundamentais em sua mudança.

O alpinista, quando escala o monte em sua solidão, sabe que a chegada ao cume é repleta de escarpas e dificuldades.

No entanto, metro a metro ele vai se erguendo em direção ao céu; por vezes, ele é obrigado a deter sua marcha para melhor avaliar o trajeto que deve seguir.

Existem caminhos que não podemos percorrer e quando insistimos neles, temos a lágrima como companhia.

Um alpinista não pode carregar outro alpinista em sua escalada ao alto, todavia, ele pode ir mostrando o caminho, deixando que os outros alpinistas empreendam a própria ascensão pelo próprio esforço.

Uns preferem a queixa, acreditando que a montanha da vida é íngreme demais.

Outros não se conformam em observar a coragem dos que teimam em seguir rumo ao alto.

Outros mais tentam colocar obstáculos como a maledicência, a inveja, o ciúme.

Mas aqueles que como você, param para chorar durante a escalada, estão no rumo certo, estão subindo,... subindo,... subindo...

Como é bom vê-lo subir, como é bom saber que você vai à frente...

Não se esqueça, a subida ainda lhe trará novas surpresas, você pode chorar ou sorrir, mas lembre-se nada é definitivo.

Tudo na vida passa.

Se você estiver chorando agora, por estar escalando a vida em meio às dores do mundo, não desista, faça uma pausa para reavaliar o caminho.

Logo, logo, você estará se movimentando em direção ao alto. Não perca a direção, confie, sua bússola é sua vontade, seu caminho, o bem; a corda que o sustenta em direção ao céu é a mão de Deus, tudo isso porque o seu destino é o amor.

É bom vê-lo no alto!

134   Algemas Invisíveis

PESSOAS DIAMANTES

"A felicidade é a única coisa que podemos dar sem possuir".

Voltaire

Sabe aquela pessoa com quem temos pontos discordantes?

Ela é muito importante, pois a presença dela nos alerta para que não cometamos erros grosseiros nas horas decisivas.

Se todos dissessem sim a nossos projetos certamente existiria algo errado.

Aqueles que sempre apontam nossas falhas, na verdade, são nossos benfeitores.

Os obstáculos são degraus preciosos para o nosso crescimento.

Como vencer sem esforço?

Como sorrir de felicidade sem a lágrima do sacrifício?

O operário só valoriza o salário quando lhe custa o suor do esforço.

Dizem que tudo que nos chega às mãos facilmente, em breve tempo perde a importância.

Mesmo nos relacionamentos afetivos, é necessário aprendermos a valorizar aqueles que caminham conosco na vida.

Perdemos preciosas "pessoas diamantes" que estão ao nosso lado, acreditando-nos auto-suficientes para tudo.

Não pode existir relacionamento fácil em se tratando de pessoas, pois cada uma compreende a vida à sua maneira.

Achamos sempre o diamante dos outros melhor que o nosso.

Com essas atitudes podemos acabar com um pedregulho nas mãos.

Nossa insatisfação crônica pode nos vendar os olhos, a ponto de não enxergarmos que estamos sentados sobre uma mina de diamantes.

Sentimentos como esses são frutos do orgulho.

Devemos parar de cobrar dos outros aquilo que ainda não temos condições de dar.

É importante que paremos de trocar sentimentos e afetos.

Cada um dá o que tem, o que pode, o que sente.

Não podemos pedir que as pessoas nos dêem a afetividade que acreditamos merecer.

A espontaneidade afetiva nos relacionamentos é fundamental para o equilíbrio em nossa vida.

Será que já fizemos brotar a afeição sincera no coração daqueles de quem cobramos uma nova atitude conosco?

Precisamos nos deter mais nas qualidades, ou seja, no brilho especial de algumas "pessoas diamantes" que enriquecem a nossa vida.

Em outras palavras, precisamos dar mais e cobrar menos.

Amar mais, amar sempre, quem ama sem cobrança não tem tempo para procurar diamantes que muitas vezes só existem dentro de nossa imaginação.

É preciso tomar cuidado, pois na vida temos riquezas que só quando perdemos damos o devido valor.

Dizem que macaco que pula de galho em galho quer chumbo.

Na ânsia de conquistar diamantes no mundo, podemos ficar rodeados por enormes paralelepípedos.

138   Algemas Invisíveis

CAMINHOS E DESCAMINHOS

"Uma pessoa de sucesso é aquela que consegue construir a fundação de uma firma com os tijolos que os outros atiram nela".

David Brinkley

Você está com problemas ou são os outros que estão? Você sofre com isso?

Não percebemos, mas grande parte do desgaste emocional que experimentamos vem da preocupação com os problemas alheios.

Em família isso ocorre com mais freqüência.

Sofremos muito por causa de nossos familiares sofremos mais ainda, quando desejamos dar solução ao problema dos outros e eles não aceitam nossa opinião.

Embora a preocupação com aqueles que amamos seja comportamento normal em nossa vida, necessitamos compreender que cada um é responsável pelas lições que lhe cabe aprender.

Colocar em nossas costas as dificuldades alheias não é demonstração de amor.

Devemos procurar nos manter em equilíbrio para poder auxiliar aquele que porventura esteja enfrentado provação.

As dificuldades são degraus preciosos para que todos aprendam e apreendam as lições da vida.

Não podemos esquecer que cada um faz suas escolhas e que elas devem ser respeitadas.

Não devemos ser indiferentes aos problemas dos outros, entretanto devemos manter uma distância psicológica segura, para que não nos contaminemos emocionalmente, a ponto de assumir a dificuldade muito mais do que a pessoa responsável pelo erro.

Indiferença não, prudência sempre.

Afinal, você está com problemas ou está contaminado e sofrendo pelos problemas alheios?

Não nos esqueçamos de que todos aqui na Terra sofrem, uns mais outros menos; a diferença é o valor que damos ao sofrimento.

Muitas vezes a dor de hoje provém de ação ignorante anteriormente praticada; experimentar a dor é aprender com os próprios erros.

Amar significa amparar nossos amigos e entes queridos em suas dificuldades, mas amar também é compreender que assim como nós, eles devem crescer com as escolhas infelizes.

Não existe no mundo uma loteria da dor, todos sofrem, pois todos são ignorantes da lei do amor que diz: "Não devemos fazer aos outros, aquilo que não desejamos que nos façam".

Se alguém que amamos estiver em caminhada difícil por uma escolha infeliz, não podemos carregar esse alguém em nosso colo, pois lhe furtaríamos a oportunidade de aprender.

Existem jornadas que só nós podemos realizar, os caminhos e descaminhos que escolhemos por livre vontade são rotas seguras para nossa evolução.

142   Algemas Invisíveis

SEUS SONHOS

"Os sonhos são os combustíveis que alimentam a alma. Quem não acalenta a realização de um sonho não vive, é um espectro de homem".

Adeilson Salles

Perder a capacidade de sonhar é morrer em vida.

Nunca desista dos seus sonhos, por mais que lhe pareça impossível realizá-los.

Não permita que ninguém lhe diga que seu sonho não vale a pena.

Todo projeto vitorioso nasce de um sonho, sua vontade é o combustível para que possa alcançar seu ideal.

Embora vivamos em sociedade, ninguém pode imaginar a sua capacidade de realização, certamente dentro de você existe uma chama ainda diminuta, mas que pode aumentar significativamente se você desejar.

Quantas coisas já não foram abandonadas pelo caminho, simplesmente porque alguém lhe disse que não ia dar certo?

Tantas outras foram iniciadas e deixadas de lado devido à ausência de uma vontade firme.

Os sonhos animam a alma, acalentam o coração.

Por mais que a situação seja desfavorável, não desista nunca.

Se hoje, as lágrimas do caminho lhe turvam a visão, não esmoreça, pois elas certamente cessarão ensejando-lhe uma melhor avaliação para a conquista do que desejas.

Por mais alta que lhe pareça a montanha, não se esqueça de que ela jamais encobrirá o sol.

Por maior que seja o pranto, ele nunca exterminará sua capacidade de sorrir.

O mais difícil no caminho de qualquer pessoa é a coragem de recomeçar, os vitoriosos são reconhecidos após o enfrentamento de grandes batalhas.

O sonho não realizado ontem pede apenas um desejo mais forte, uma ação mais vigorosa, um pouco mais de amor.

As leis que regem nossa vida são profundamente sábias: a toda ação praticada, obteremos uma reação com a mesma força e intensidade; portanto, coloquemos mais amor em nossas ações, mais ternura e carinho em cada nova tentativa.

Quantas coisas você é capaz de realizar hoje, que ontem lhe pareciam impossíveis?

É importante não desviar os olhos do objetivo, os obstáculos só aparecem em nosso caminho quando detemos nosso olhar nas coisas pequenas.

Olhe para dentro de você, pois Deus está aí dentro, esperando ser descoberto não através da manifestação de sentimentos nobres.

Você é cidadão do universo, tudo é possível àqueles que amam a vida.

Não se esqueça; assim como confia em Deus, igualmente Ele confia em você para tornar este mundo melhor.

Em meio a uma multidão de sofredores o seu sorriso pode fazer a diferença, o seu abraço pode acalentar, a sua mão pode amparar, o seu amor pode o ódio aplacar.

Acredite nos seus sonhos, eles são seus.

146   Algemas Invisíveis

NO PALCO DA VIDA

"Raros são aqueles que não se deixam levar pelos padrões estabelecidos. Abdicam de si mesmos, violentam-se rotineiramente, não têm opinião própria".

Adeilson Salles

A falta de confiança na própria capacidade pode levar algumas pessoas, a representar personagens que na verdade elas não são.

Ser autêntico, aceitando as limitações, trabalhar o melhor possível a própria potencialidade é um estado de consciência que poucos conseguem atingir. Principalmente se interesses estiverem norteando os relacionamentos. Sejam eles afetivos ou profissionais.

No afã de conquistar o sucesso e o reconhecimento de sua capacidade, pode ocorrer que a pessoa represente papéis que ela não tem competência para desenvolver. Os personagens criados são falsos e camuflam na verdade, as limitações da criatura humana.

Esse comportamento, mais cedo ou mais tarde, irá conduzir a pessoa, à frustração, à infelicidade.

Devido a posturas como essa, o número de pessoas infelizes aumenta a cada dia, pois suas vidas são baseadas na preocupação constante de agradar aos outros e ao sistema.

Para se viver com autenticidade é preciso ter coragem, ou seja, é preciso assumir-se sem máscaras ou disfarces.

A representação de papéis faz com que a pessoa se auto-violente sistematicamente.

O perfil dessas pessoas varia muito, mas elas têm alguns pontos em comum:

"São indecisas, precisam da opinião dos outros para tomar decisões".

"São inseguras, nunca assumem os próprios atos".

"Não têm coragem para mudar a rotina".

"Apresentam humor variável".

"Estão sempre preocupadas em seguir os modismos e padrões impostos pela sociedade de consumo".

"Têm dificuldades em aceitar-se, nunca estão satisfeitas consigo mesmas e com a própria família".

São muitos os comportamentos que denotam essa fragilidade emocional e que na opinião delas justificaria o uso inconsciente de máscaras.

A felicidade tão almejada não pode ser alcançada sem a aceitação de si mesmo. Não importa onde atuemos, ou com quem nos relacionemos, é fundamental que nos aceitemos como somos, com nossas virtudes e nossas limitações.

148 Algemas Invisíveis

No palco da vida, não podemos mudar de personagem como o ator de teatro, que a cada nova peça representa um novo papel. Ser autêntico significa viver em paz com a própria consciência. A autenticidade desperta nos outros, sentimentos autênticos. Apresentar-se com máscaras pode levar as pessoas a se apaixonarem pelo personagem que não somos.

É comum ouvirmos dizer: fulano tem uma cara para cada situação, ou então, para cada um, beltrano tem um comportamento.

É a fuga de si mesmo, tentando se encontrar nos outros.

Enquanto não nos assumirmos, não teremos condições de assumir a nossa vida.

150   Algemas Invisíveis

SEU PROBLEMA OU MEU PROBLEMA?

"Amar é respeitar os outros, principalmente suas escolhas, certas ou erradas".

Adeilson Salles

É importante que aprendamos a lidar com nossas limitações.

Não somos capazes de fazer tudo. Quando a vida nos impõe determinados desafios, é preciso ter coragem em assumir a incapacidade para certas coisas.

Assumir situações que não estamos aptos a resolver é sofrimento à vista.

O assunto pode parecer cansativo, mas insistimos que no âmbito familiar é que as dificuldades se acentuam.

Temos tido a oportunidade de conversar com muita gente que nos procura, em situações dolorosas de angustia e inquietação íntima.

Observamos nestes atendimentos a dificuldade das pessoas em dizer não.

Dizer sim aos parentes pode significar uma auto-flagelação, ou seja, dizer sim, quando desejaríamos intimamente dizer não.

A maioria das pessoas que nos procuram, quando questionadas sobre o tipo de dificuldades que as estão afligindo, relatam rotineiramente envolvimento com os problemas familiares. Envolvem-se em demasia com os problemas alheios, esquecendo-se de si próprias. E de maneira inconsciente cobram dos outros a gratidão por terem auxiliado os parentes.

Doam-se demais e frustram-se constantemente por acreditarem-se credoras de atenção especial.

Amar não significa que tenhamos que tirar dos outros a oportunidade que eles têm de aprender com os próprios erros.

A pergunta é: "Até que ponto devemos nos envolver nos problemas criados pelos outros, mesmo sendo nossa família?"

É muito saudável que delimitemos nosso espaço, que preservemos nossa intimidade.

Se não buscarmos uma conduta psicologicamente equilibrada, não teremos estrutura para auxiliar quem quer que seja.

O domínio da emoção em nossos relacionamentos deve ser buscado incessantemente.

A contaminação emocional através das dores alheias, rouba o nosso discernimento, fazendo com que vivamos as emoções de nossos pares, perdendo a capacidade de raciocinar.

Toda história tem dois lados a serem analisados e o fato de nossa parentela estar envolvida na problemática não significa que eles estejam sempre com a razão.

Pergunte-se a si mesmo: "Os problemas que me afligem atualmente são oriundos dos meus erros ou dos equívocos alheios?"

152   **Algemas Invisíveis**

Estou ajudando as pessoas a resolverem seus problemas ou estou querendo resolver os problemas que cabe a elas solucionar?"

Ajudar é uma coisa, tomar para si as dificuldades dos outros é mais complicado.

Misturar nossos problemas com os problemas alheios é a primeira dificuldade que encontramos e que nos impede prestar ajuda com isenção.

O grande desafio em nossa vida é aliar a razão à emoção.

Enquanto apenas a emoção determinar nossas reações aos fatos da vida, sofreremos muitas vezes mais do que aqueles que criaram seus próprios problemas.

154   Algemas Invisíveis

GRADES INVISÍVEIS

"O homem é prisioneiro voluntário de suas criações mentais infelizes".

Adeilson Salles

Podemos ser livres ou prisioneiros de nós mesmos.

A nossa vida é o resultado de nossos mais ínfimos pensamentos.

Tudo o que pensarmos tornar-se-á construção de trevas ou luz, de acordo com os interesses que alimentamos.

Desta forma, nossa mente pode ser um cárcere tormentoso ou um campo fértil para a realização dos nossos mais felizes sonhos.

A felicidade é conquista íntima, que nasce em nós, através da paz em nosso espírito.

Já o mal que nos obstaculiza o crescimento e que nos leva às lágrimas tem o tamanho que damos a ele.

Quantas vezes, já não fomos prisioneiros da mágoa e das lamentações exacerbadas?

Permitimo-nos ficar atrelados a situações pretéritas, que só nos fazem reviver dramas lamentáveis que deveriam ser esquecidos.

Essas criações mentais são alimentadas pelo rancor e pela falta de perdão. Funcionam como algemas poderosas e quanto mais remoemos mentalmente situações passadas, mais nos sentimos aguilhoados à dor.

Por mais que tenhamos sofrido com o que quer que seja, devemos nos libertar desse verdadeiro calabouço mental, que nos impomos voluntariamente.

É certo que muitas coisas são difíceis de esquecer, mas quanto antes implementarmos uma renovação mental, mais depressa experimentaremos a libertação das amarras da dor.

O tempo é de libertação e a verdadeira liberdade deve começar a partir de nossa mente.

Quantas lágrimas não foram derramadas e represadas mentalmente por nossa imaginação fértil, sempre mancomunada com o lado treva de tudo e de todos?

Quantas quedas não nos infringimos, por querer dos outros aquilo que os outros não nos podem dar?

Desejamos sempre que as coisas se renovem, não obstante, não permitimos que a renovação floresça a partir do nosso coração.

Se estivermos alimentando diariamente os mesmos pensamentos tormentosos, é melhor que tomemos cuidados, pois estaremos erguendo grades vigorosas em nossa mente.

Somos o que pensamos, portanto, pensemos no bem, para que o bem se faça em nossa vida.

O quanto antes modificarmos nosso panorama mental, mais depressa quebraremos as algemas que nos infelicitam.

O sofrimento que experimentamos pode estar se prolongando porque nós o estamos alimentando, representando o papel de coitadinho.

A auto-piedade é o caminho mais curto para a depressão.

Quebremos o cárcere mental que criamos para nós, através do trabalho incessante da nossa renovação íntima.

158   Algemas Invisíveis

O PESO NO CORAÇÃO

"O perdão é a chave que liberta a alma das correntes pesadas da mágoa, deixando a alma leve, livre para voar e amar".

Adeilson Salles

Algumas doenças que se manifestam em nossa constituição orgânica têm sua gênese nos comportamentos emocionais equivocados.

Podemos afirmar com certeza, que a ciência caminha a passos largos para comprovar esta verdade.

Situações mal resolvidas em nossos relacionamentos afetivos têm o poder de ir minando, gradativamente, nosso corpo.

Poderíamos citar alguns desses estados emocionais que contribuem sobremaneira para a instalação de graves patologias. Desejamos trazer para nossa reflexão a dificuldade que temos em perdoar nossos semelhantes.

Quando nos sentimos afetados em nossos interesses, sejam eles materiais ou afetivos, alimentamos a nossa mente com o combustível da mágoa, do rancor.

Esses combustíveis nos levam a vivenciar mentalmente a desagradável situação da qual nos julgamos vítima.

É um "vídeo-tape" a se repetir incessantemente dentro da nossa cabeça.

A pratica do perdão, antes de ser uma expressão religiosa, deve ser medida terapêutica adotada por nós para prevenir as doenças da alma, que tornar-se-ão, se não combatidas, enfermidades físicas. O homem ao longo dos séculos, vem adulterando a mensagem cristã a seu benefício. As lições pregadas por Jesus, o médico de nossas almas, têm em seu bojo uma receita libertadora, receita essa que tem a proposta de nos libertar de nós mesmos, das nossas dificuldades íntimas, da nossa ignorância.

Quando fomos aconselhados por Ele, a perdoar setenta vezes sete vezes, recebemos a informação preciosa que a falta de perdão é um atoleiro para nossas almas.

Quanto mais alimentarmos mentalmente situações pretéritas que nos afligiram, mais nos afogaremos na mágoa sem fim.

Muitas pessoas queixam-se de insônia, da falta de apetite e principalmente da ausência em suas vidas da tão propalada felicidade, via de regra a causa desses e de outros males é a falta de perdão.

São os sentimentos da alma enferma, manifestando-se no corpo físico em forma de patologias.

A pessoa que não perdoa, assemelha-se aos prisioneiros que assistimos nas películas norte-americanas carregando uma bola de ferro nos pés. A diferença é que a bola é invisível, encontrando-se atrelada ao nosso coração.

Para que possamos vislumbrar um futuro de alegria, é importante que soltemos as bolas de ferro, rompendo-as pela prática do perdão.

160   Algemas Invisíveis

Quem perdoa, doa, esquece, se enriquece.

Se você tem uma bola de mágoas pesando em seu coração, busque a sua felicidade, praticando o perdão.

Perdoar é ter saúde, perdoar é ser feliz.

162   Algemas Invisíveis

AMULETOS

"Os olhos que nunca choraram, raramente aprendem a ver".
Meimei.

Devido às escolhas que fazemos para nossa vida, em muitas oportunidades temos as lágrimas como resposta.

Incapaz de compreender que a vida é o resultado de seus próprios atos, a criatura humana, via de regra, busca um culpado pela sua desdita.

Tudo o que acontece de ruim na vida do homem é culpa de alguém.

É preciso eleger um culpado; afinal, pessoas há, que se acreditam injustiçadas pela vida.

Tudo o que redunda em lágrimas é culpa de alguém; os acontecimentos felizes são puro merecimento.

Quando as coisas não vão bem, costuma-se dizer: "Tem alguém com inveja de mim" – ou então – "Está tudo amarrado em minha vida".

Percebe-se que para cada fracasso, existe um culpado eleito.

Identificado o culpado pelo sofrimento, a criatura parte em busca de solução. Um amuleto protetor, uma vela para o orixá, uma vela para o santo, banho de ervas e etc... etc... São tantos os cuidados com amuletos, patuás, que a pessoa sai à rua parecendo uma loja de R$ 1,99, de tantas bugigangas penduradas aqui e acolá.

O corpo parece um carro alegórico em tempos de carnaval. Se identificarmos um culpado para o nosso fracasso, agora munidos de penduricalhos, estaremos preparados para o combate.

A fé nessas práticas exteriores acaba auxiliando muitas pessoas, que terminam por vencer alguns obstáculos psicológicos criados por elas mesmas; todavia, os resultados positivos obtidos são passageiros. Quando surgir uma nova dificuldade, a pessoa encontrar-se-á carente de respostas, pois o efeito dessas práticas é paliativo.

Sem que consiga identificar a si mesmo como o arquiteto da própria vida, o homem sofrerá por um bom tempo as agruras promovidas pela sua ignorância.

Buscar dentro de si o culpado, nas atitudes equivocadas, nas escolhas infelizes, permitirá um amadurecimento espiritual mais objetivo.

O homem que tem a consciência de que em sua vida, é ele quem decide, gradativamente vai tomando posse de si mesmo; conseqüentemente, pára de buscar culpados para suas limitações e falta de vontade.

Se o uso de adereços fosse garantia de sucesso e prosperidade, a Bahia seria certamente, o estado com a população mais próspera da federação.

Nosso estágio evolutivo demonstra que só aprendemos a ver, quando do as lágrimas melhoram a nossa visão do que é verdadeiramente a vida.

164   Algemas Invisíveis

RENOVAÇÃO

"Por mais escura que seja a noite, um minuto depois da meia noite já é nova madrugada, é tempo de esperança".

Joanna de Angelis

O maior obstáculo que o homem enfrenta em sua vida é desvencilhar-se de velhos hábitos, de viciosos pensamentos.

Para lograr uma vida mais feliz, urge que o homem renove seu panorama mental.

Se observarmos a natureza, tudo nela nos convida à renovação.

A ventania que verga as árvores denotando a princípio destruição, revela em sua intrepidez a assepsia atmosférica necessária.

O rio que corre caudaloso, arrastando de suas margens a vegetação, limpa o próprio leito a fim de que sua força colabore na preservação da vida.

O vulcão que cospe lavas e fogo, expele de dentro da Terra substâncias que demonstram que o próprio planeta se renova em sua intimidade.

A Terra em seu movimento de rotação, renova a vida, banhando-se ao Sol, girando em seu próprio eixo, como se bailasse em louvor à vida.

As células do corpo humano renovam-se incessantemente, até o cessar da vida biológica.

Se o corpo do homem se renova, por que o espírito que o dirige tem tanta dificuldade em renovar-se?

Se a calúnia o visita, não faça conta dos maledicentes.

Do contrário, estará valorizando a mentira.

Quem valoriza a opinião alheia, não tem opinião própria.

Se o seu empreendimento não prosperou, trace novo plano.

Quem valoriza o fracasso, nunca chegará à vitória.

Se foi abandonado por suas afeições, não reclame da vida.

Talvez você não tenha percebido que não possuímos a ninguém, somos apenas companheiros de viagem.

Se seus recursos sempre escasseiam e você nunca realiza seus projetos de vida, seja paciente, é possível que ainda não esteja preparado para ter a bolsa farta.

Para alguns, bolsa farta pode significar aquisição de dores.

É mister que aprendamos a nos renovar.

Se ficarmos presos em situações passadas, a vida que é sempre um convite à renovação, nos imporá a mudança necessária através das lágrimas que nós mesmos buscaremos.

Quanto maior a dor, maior a necessidade de renovação.

Todo dia é dia de renovar-se.

Toda hora é hora de ter esperança.

A esperança é o combustível da alma daqueles que trabalham.

166   Algemas Invisíveis

VIVO COMO QUERO OU COMO QUEREM?

"Tomar posse de si mesmo é andar sempre acompanhado, embora possa experimentar a solidão".

Adeilson Salles

Embora o homem venha conquistando ao longo dos séculos um avanço tecnológico excepcional, nada parece ser suficiente para acalmar seu coração e ele segue sua jornada, vivenciando conflitos íntimos terríveis.

O homem é capaz de bombardear o núcleo do átomo.

Mas não logra implodir o próprio orgulho.

O homem, com a ajuda de equipamentos modernos, é capaz de mergulhar a grandes profundidades no oceano.

Não obstante, não implementa o grande mergulho em si mesmo e não passa de ilustre desconhecido de si próprio.

O homem lança sondas espaciais de encontro aos cometas, com o desejo de estudar a constituição íntima da matéria, visando descobrir a origem do universo.

Todavia, tem enormes dificuldades em abraçar seu semelhante.

Somos criaturas paradoxais, desejamos conquistar o universo, mas somos incapazes de realizar as grandes conquistas afetivas, que certamente nos levariam a experimentar a paz.

No campo afetivo, temos mais facilidade em aceitar a opinião dos outros, do que a dos nossos familiares.

Com os outros a paciência; com a família, a contenda.

Com estranhos a educação, com a família a irritabilidade.

A vida está difícil, ninguém duvida das grandes transformações pelas quais a humanidade passa.

Precisamos reavaliar as nossas atitudes, é fundamental que iniciemos o mergulho intransferível e inadiável em nosso ser.

Não podemos continuar vivendo a vida como reféns dos fatos que acontecem à nossa volta.

Viver a vida através dos fatos gerados pelos outros é viver de forma alienada com relação a si mesmo.

Nossa vida deve ser determinada pelos acontecimentos gerados a partir de nossas escolhas e decisões.

Somos os construtores de nosso destino, estamos construindo a nossa vida? Ou os outros é que determinam nossa forma de viver?

Urge que nos auto conheçamos.

Como estou reagindo diante deste ou daquele acontecimento?

Minhas opiniões são minhas mesmo, baseadas em minha capacidade de pensar? Ou eu sempre opino de acordo com os critérios alheios?

Minhas respostas aos fatos que acontecem, são determinadas pela emoção ou pela razão?

Sou mais instintivo ou racional?

Buscar o equilíbrio entre esses aspectos comportamentais nos facultará uma melhor qualidade de vida.

Não adianta conquistar o espaço, sem antes se auto conhecer.

Pessoas há que passam pela vida sem viver, pois transitam pelo mundo como reféns das escolhas alheias.

Afinal, eu escolho a vida que quero ter, ou os outros escolhem como devo viver?

170   Algemas Invisíveis

INDEPENDÊNCIA OU LÁGRIMAS

"O parasitismo emocional é o comportamento preferido por aqueles que não desejam assumir a própria vida".

Adeilson Salles

Temos muito a aprender com todas as pessoas, principalmente a respeitá-las.

Nossos relacionamentos sejam eles, familiares, amorosos ou profissionais, são ótimas oportunidades para exercitarmos a compreensão.

É muito interessante analisarmos nossa propensão em invadir e não aceitar as escolhas alheias.

Será que sempre estamos certos?

O que é bom para nós será bom para os outros?

Por que às vezes as decisões alheias nos incomodam tanto?

Refletindo honestamente sobre o assunto, poderemos constatar que criamos em nossa mente padrões de comportamento nos quais os outros devem se enquadrar.

É certo que existem pessoas dependentes umas das outras, mas perceba que essas criaturas geralmente são infelizes, por não tomarem as próprias decisões.

Tornam-se "parasitas psíquicas", devido à própria imaturidade emocional.

O Espiritismo tem tudo a ver com esse assunto, uma vez que reafirma a mensagem de Jesus, asseverando que "a cada um será dado conforme suas obras".

Necessitamos aprender que por mais que influenciemos os outros, cada um responderá por suas escolhas. Seja no âmbito familiar, profissional ou amoroso.

Quando compreendermos verdadeiramente que somos espíritos eternos, daremos nosso grito de independência. Ajudaremos sim, mas aceitaremos as escolhas de nossos pares, sem sofrimento.

Temos insistido neste assunto, por entender que a maioria de nossos sofrimentos decorrem do fato de alimentarmos certa rebeldia quanto à aceitação das pessoas como elas são. Esperamos sempre mais, de quem sempre pode oferecer bem menos; mas cada um dá o que tem.

Fato comum ocorre com muitas pessoas: cobram visitas, são "chatas", insistem.

Querem por que querem ser visitadas. Forçam uma situação.

Quando uma demonstração de afetividade não acontece espontaneamente, ela é imposta, não é sincera.

Quem já não passou por isso? Cobrou visita ou foi cobrado para visitar alguém.

172 **Algemas Invisíveis**

Esse inconformismo para alguns gera mágoas, existem pessoas que até rompem relações de amizade por causa dessa situação. Fica patente a nossa imaturidade emocional e espiritual.

Outro exemplo marcante acontece nos relacionamentos entre pais e filhos, principalmente quando os filhos optam por caminhos diferentes daqueles que os pais julgam correto. Criam-se contendas domésticas desnecessárias, onde o maior prejudicado é o núcleo familiar. Mas estamos progredindo, felizmente já vai longe o tempo em que os pais escolhiam com quem os filhos deveriam casar. Eram os genitores que oficializavam o pedido para a boda.

A natureza é sabia neste sentido, pois ao observarmos o reino animal, constatamos que muitas espécies cuidam dos filhos até que eles possam sobreviver. Ao contrário do que se pensa, o animal não abandona sua cria na floresta, ele sabe que depois de educado seu filhote irá sobreviver através dos próprios esforços. Os pais deveriam fazer o mesmo no aspecto emocional com seus filhos. Muitos pais não educam, aleijam essas almas, impedindo-as de aprenderem com os próprios erros.

A vida moderna tem trazido muitos benefícios aos jovens, quando eles decidem morar sozinhos, embora eu conheça mães que percorrem grandes distâncias para lavar as roupas do filho. Para fazerem a comida da semana, deixando tudo no freezer.

Inegavelmente elas estão contribuindo para a criação daqueles "parasitas psíquicos" a que nos referimos anteriormente. Esses jovens amanhã precisarão ouvir os outros para tomar decisões que compete a eles tomarem. Serão adultos inseguros perante a vida.

Adeilson Salles   173

Quando afirmamos que os pais devem aprender com os filhos e os filhos com os pais, temos a certeza de que a maior lição a ser aprendida por todos nós é que mais dia, menos dia a floresta da vida irá cobrar a independência que todos precisam ter para serem felizes.

CRIAÇÕES MENTAIS

"Somos capazes de vivenciar o paraíso em nossa mente e em segundos, temos a capacidade de fazer da nossa vida um inferno que daria inveja a Dante".

Adeilson Salles

Nossa capacidade de dramatizar a vida é inconteste.

Sem muito esforço, construímos cárceres mentais invisíveis, idealizados por nossas próprias tendências menos felizes.

Situações das mais comezinhas são capazes de nos aprisionar mentalmente por vários e vários dias. A maior dificuldade é aceitar as pessoas e com isso, tudo o que contraria nossos interesses torna-se cadeia invisível onde nos aprisionamos voluntariamente.

Nossa inconseqüente fertilidade psíquica para o mal leva-nos muitas vezes a tirar conclusões precipitadas com relação às pessoas.

As criações mentais inferiores afloram do íntimo de nosso espírito, demonstrando com isso, que a raiz de todo mal reside em nós mesmos.

A facilidade de identificar o mal nos outros comprova matematicamente que esse mesmo mal habita nosso coração.

Todas as vezes que apontamos o defeito de alguém, realçamos nosso ego em detrimento da pessoa que acusamos.

É um mecanismo psicológico, que deixa explícito em nosso comportamento, a presença marcante dos instintos primitivos em nosso modo de ser.

Quando reagimos sem pensar a qualquer situação, nossa natureza instintiva se manifesta e via de regra, falamos o que não devemos.

Se passarmos por séria contrariedade e nosso orgulho for ferido, passamos a alimentar o fato com o combustível da mágoa e do rancor.

A tendência é o aumento da chama da angústia e da inquietação que irá nos consumir dia a dia.

Barras invisíveis são erguidas por nossa mente invigilante e por livre vontade trancafiamo-nos nesse cárcere que terá o tamanho do nosso orgulho.

Alimentamos, com isso, uma única idéia, a da revolta e inconformação e o acontecimento desagradável não abandonará nossa mente.

Não podemos nos esquecer também das vibrações deletérias, oriundas de espíritos ignorantes que com nosso comportamento procurarão mais amiúde nos desestabilizar emocionalmente, podendo, inclusive, nos arrojar em lamentável obsessão.

Enquanto não nos predispusermos ao esquecimento do fato desagradável, estaremos sujeitos ao confinamento mental infeliz.

A aceitação das pessoas como elas são é precioso recurso para termos mais qualidade de vida.

O combate ao orgulho que carregamos em nós é medida salutar para o êxito diante de nós próprios.

A prevalência do instinto sobre a capacidade de pensar é o clamor da animalidade que ainda está latente em nosso ser.

Todavia, estamos evoluindo e em determinadas situações o instinto cumpre seu papel como ferramenta útil para preservação da vida. Ganhar ascendência sobre nós próprios, dominando as reações inconseqüentes é trabalho árduo que só ao longo de sucessivas encarnações iremos lograr êxito.

Recorramos à prece, ao exercício de analisar as coisas antes de falar; ao perdão; assim teremos dias mais felizes sobre a Terra.

Não estamos aqui para competir com os outros, a eles nós devemos amar, nossa maior dificuldade é vencer a nós próprios.

Derribemos os cárceres mentais que construímos para nós outros.

Alegremo-nos pela oportunidade de conhecer a Doutrina Espírita, repositório de forças para nossas mais íntimas fraquezas.

Assim como nos aprisionamos voluntariamente, podemos buscar a libertação de nossas criações mentais através da prece, da compreensão, do amor e da indulgência.

Já ouvimos alguém dizer: "Paz na Terra, aos homens de boa vontade".

Adeilson Salles

178   Algemas Invisíveis

DEPRESSÃO E MORTE

"Não somos daqui, estamos passando por aqui. Não somos o corpo, estamos no corpo".

Adeilson Salles

A vida na Terra é composta de perdas e ganhos, vitórias e derrotas. Sem dúvida nenhuma a maior dificuldade que as pessoas experimentam é a aceitação da morte no seio familiar.

Deveríamos estar mais preparados para esse momento, que inevitavelmente todos vamos vivenciar.

Com a mente embotada apenas para a vida presente, acreditamo-nos inatingíveis pelo fenômeno natural chamado morte.

As supostas perdas nos trazem ensinamentos preciosos que precisamos apreender. Chorar, sentir saudades se entristecer pela separação momentânea que a morte nos impõe, é natural. Todavia, o luto que se experimenta com a separação deve ter limite.

A morte faz parte da vida.

Nossa condição centrada apenas em nosso ego, nos faz acreditar que aqueles que amamos nos pertencem. Quando apegamo-nos demasiadamente a alguém a ponto de questionar a morte, devemos rever nossos conceitos, pois neste caso estaremos vivenciando uma dependência psicológica prejudicial. Demonstrando excessivo apego poderemos descambar para a depressão, o que irá gerar transtornos físicos e espirituais traumáticos, podendo, inclusive, influenciar desastrosamente o psiquismo de quem partiu.

Em nossa passagem pelo mundo devemos aprender a lidar com a separação imposta pela morte. Não estamos capacitados para compreender o desencarne dos nossos afetos ou de quem quer que seja, entretanto, podemos nos educar.

Todas as vezes que tivermos dificuldade em administrar nossos sentimentos com relação aos outros e isso nos afetar a ponto de entrarmos em depressão é sinal de que o sentimento que nutrimos não é de amor, mas sim de dependência, talvez posse.

A dependência psíquica é sempre danosa a qualquer pessoa, pois ninguém pertence a ninguém. A separação imposta pela morte é passageira e dia virá em que poderemos nos encontrar com nosso ente querido.

Algumas pessoas quando se separam pela cessação da vida biológica, acabam por enterrar aqueles que continuam encarnados.

Abdicam da família, quiçá da própria vida.

Ou seja, esquecem-se dos que continuam ao seu lado, para dedicar o tempo a cultuar um sentimento que muitas vezes não foi manifestado quando o parente estava encarnado.

Não podemos trazer de volta aqueles que nos antecederam na viagem para o mundo espiritual; não obstante, podemos, doravante, amar com gratidão a Deus.

Obrigado Senhor, por ter convivido com os que por Tua vontade necessitaram retornar!

Obrigado Senhor, por estar convivendo com tantas pessoas que têm muito a me ensinar!

Senhor, ensina-me a amar sem criar vínculos de dependência psicológica, para que amanhã eu não sofra e não me torne motivo de sofrimento.

O egoísmo gera a inconformação, o amor, o desapego.

A depressão em caso de morte de ente querido tem sua raiz invariavelmente no egoísmo, confundido equivocadamente com amor.

182   Algemas Invisíveis

PESSOAS ESTRELA E PESSOAS COMETA

"As pessoas que amam verdadeiramente, são aquelas que nos dão amor, sem exigir certificado de posse sobre nossos corações".

Adeilson Salles

Lí uma pequena história que falava de pessoas cometa e pessoas estrela.

Segundo a tal história, existem pessoas que passam por nossa vida como um cometa; elas brilham em sua passagem, mas acabam desaparecendo depois de um tempo. Já as pessoas estrelas entram em nossa vida e permanecem brilhando para sempre.

Pensando nesta história, acabamos encontrando verossimilhança com nossa vida.

Você que lê este ensaio de crônicas tem procurado ser estrela ou cometa?

Os cometas irrompem com força. Sua passagem é cercada de beleza e fascínio, todavia com a mesma intensidade que vêm, acabam indo embora.

Sua força é tal, que chega a causar temor.

Causa impacto, mas decepciona, seu brilho é fugaz, é forte, mas passageiro.

Madre Tereza de Calcutá dizia que "não devemos permitir que ninguém saia de nossa presença sem se sentir melhor".

A doce freira da caridade sabia o que estava falando.

As pessoas estrela têm a capacidade de brilhar e iluminar o semelhante com seu brilho.

Já as pessoas cometa não conseguem se manter brilhando. Com sua inconstância emocional têm rompantes de extremo brilho, porém caem em profunda penumbra repentinamente. Certamente já tivemos oportunidade de encontrar com pessoas estrela e outras tantas cometa.

Cabe-nos refletir, sobre o que estamos fazendo com a luz que herdamos da Luz Maior.

Somos cometa ou somos estrela?

Que nossa passagem pelo mundo seja caracterizada por intenso brilho, de tal forma que, depois de nossa partida, as pessoas lembrem-se de nós todas as vezes que olharem para o céu e contemplarem uma estrela.

Os cometas passam, as estrelas permanecem!

Que nosso brilho se manifeste nas pequenas atitudes do dia a dia.

Segundo um pensador: "as palavras são anãs; os exemplos são gigantes".

Sejamos pessoas estrela, nosso brilho terá a intensidade dos nossos melhores pensamentos e ações.

RETRATO DE UMA FOTOGRAFIA

"Deus, em sua sabedoria, permite que tenhamos filhos para que aprendamos a compartilhar com Ele o sentimento de paternidade, sem o desejo de propriedade".

Adeilson Salles

Remexendo naquelas caixas de documentos que costumava guardar sobre o guarda-roupa, senti-me saudoso ao me deparar com um álbum de fotografias.

Lembranças afloraram; naquelas fotos ficaram gravados instantes pretéritos.

A vida é extremamente dinâmica. Tudo muda, nós somos mutantes.

Peguei aquele registro de imagem e contemplei o rosto do meu filho ali estampado. Dei-me conta de que certamente naquele momento ele estava em algum lugar, descobrindo a vida e descobrindo-se.

O tempo passou e cá estou, experimentando a orfandade dos próprios filhos.

Nossa condição evolutiva turva as nossas vistas e não nos deixa enxergar que "nossos filhos, não são nossos filhos", assevera o profeta Kalil Gilbran.

Já não compro mais hambúrgueres, ele já está na fila da vida aprendendo qual é o hambúrguer mais importante.

Hoje, aprendo com ele.

Observo aquela maneira peculiar de agir e me rendo à verdade de que ele tem uma bagagem espiritual que não posso mensurar, pois não fui eu que lhe dei.

Antes de ser meu filho, ele é filho de Deus.

A foto em minhas mãos..., e meu filho na moldura do mundo.

A imagem congelada entre meus dedos e ele movimentando a própria vida.

As cores da foto amarelando-se e ele cada vez brilhando mais, refletindo as cores do amor de Deus.

Não posso continuar chamando-o de meu, ele não me pertence.

Ele é da vida, ele é a vida...; apenas filho!

Ele é a maior demonstração da confiança que Deus depositou em mim.

O bem mais valioso que o Criador emprestou-me. A jóia que enfeita meus dias.

A foto em minha mão e meu filho voando... A voz não é a mesma, tem firmeza e opinião.

Os anseios dele são os mesmos que os meus; ser feliz, vencer na vida...

Nós e nossos filhos somos espíritos; filhos do Espírito Deus.

Eles estão filhos, amanhã estarão pais! Alhures, estarão avós.

Filhos..., pais..., irmãos..., avós..., primos..., várias gradações do amor, para aprendermos a amar.

Em um instante, chego a temer por ele, o mundo... a violência..., a vida...

No entanto reconfortado recordo-me, que todos os pais do mundo certamente têm a fotografia dos filhos emoldurada em seus corações.

Este planeta é uma escola e Deus, por tanto amor, matriculou-nos aqui; ser pai, filho, mãe ou irmão são estágios experimentados pelo espírito, em busca da própria evolução.

A foto apenas registra um instante na eternidade da alma.

Somos todos filhos de Deus.

188   Algemas Invisíveis

OS ÓCULOS DA ALMA

"Não vemos as coisas como elas são, mas sim como nós somos".
Hilário Ascasubi

A vida tem o colorido que damos a ela.

Uma pessoa que se sinta infeliz, não irá encontrar a felicidade se implementar uma mudança física.

Aquele que se encontra atormentado, carrega a tormenta dentro de si.

Muitos buscam a felicidade nas mudanças exteriores, mudam-se de casa, de cidade e até mesmo de país.

Além da bagagem material que se vêem obrigadas a transportar, levam dentro de si o peso de seus amargores.

Sendo a felicidade um estado íntimo de bem-estar, não pode ser encontrada nas mudanças materiais. Muito menos nas aquisições.

Procurando dinamizar a vida na exterioridade, o homem se esquece de que o dinamismo deve principiar na interioridade da sua alma.

Quando se detém no mundo exterior, em pouco tempo o estado mórbido irá retornar suplantando a fugaz felicidade, alicerçada apenas em uma compra ou projeto qualquer.

Os estados melancólicos que variam tanto como o clima ambiental, revelam que a criatura humana encontra-se à deriva da própria vida.

Para obtermos êxito em qualquer projeto de vida, é necessário um planejamento, é preciso elaboração.

A vida é uma constante mutação e não lograremos êxito em nossos projetos se interiormente portarmo-nos como criaturas camaleônicas.

Pela manhã estamos sorrindo, na hora do almoço estamos irritados, pela tarde angustiados e à noite revoltados.

O que fazer diante de tantos desafios?

Não existe uma receita pronta, miraculosa.

Precisamos ter um projeto de vida, um projeto que tenha como base a honestidade com nós mesmos.

Assim como nos programamos para a aquisição de qualquer bem material, precisamos nos programar para vencer nossas tendências camaleônicas.

A vida é amarga ou sou eu que a vejo com amargura?

A vida é uma droga ou meus valores estão equivocados?

Será que eu conheço a verdadeira infelicidade?

São questões que devemos ter a coragem e franqueza, de responder a nós próprios.

Quem não quer ser feliz?

190 **Algemas Invisíveis**

Não existe um país chamado felicidade, para onde poderemos nos mudar quando desejarmos.

Não existe uma marca de automóvel chamada felicidade.

A felicidade certamente é uma maneira de caminharmos na vida, a maneira como compreendemos a vida.

É claro que não podemos nos cobrar a perfeição, mas devemos nos cobrar empenho para modificar as coisas que dependem de nós para serem modificadas.

Mudemos a lente dos óculos do nosso espírito, pois certamente a vida é da maneira como nós a enxergamos.

192   Algemas Invisíveis

A PANELINHA CELESTIAL

"No céu, é sempre domingo. E a gente não tem outra coisa a fazer senão ouvir os chatos. E lá é ainda pior que aqui, pois se trata dos chatos de todas as épocas do mundo".

Mario Quintana

A inteligência e o bom senso refutam qualquer idéia que se faça de que exista um lugar preparado por Deus, para o deleite de seus eleitos.

Suponhamos que esse lugar exista e que, por outro lado exista o inferno: uma mãe virtuosa viveria eternamente feliz no céu, tendo conhecimento de que seu filho está sendo cozido no inferno?

É claro que não, a menos que esse "deusinho' pregado pelos homens, em sua infinita falsa bondade, tratasse de arrancar o coração e a memória dessa mãe, para que ela se esquecesse da própria maternidade.

Se nós que somos "pecadores" segundo as religiões dominantes, não desejamos o suplício eterno para aqueles que amamos, por que o Criador teria esses sentimentos?

Infelizmente os homens, por falta de argumentos racionais, ainda tentam dominar outros homens através do medo.

Se nos lembrarmos de nossa infância iremos constatar, que nossos pais já se utilizavam dessa técnica para nos educar, diziam eles:

"Se fizer malcriação, Deus castiga"

"O homem do saco vem pegar criança que fala palavrão".

Até mesmo nas cantigas de ninar encontramos a inserção da prática do medo. Vejamos:

"Boi, boi, boi, boi da cara preta, pega esse menino que tem medo de careta."

Outra canção de ninar:

"Bicho papão, sai de cima do telhado, deixa esse menino dormir sossegado."

O medo jamais nos levará a amar, o medo nos faz temer.

Os mesmos mecanismos psicológicos são utilizados para amedrontar os adultos.

Será que a educação não cumpriria melhor papel, para nos auxiliar em nossa evolução espiritual?

É claro que a religião cumpre papel fundamental em nossa sociedade, mas certas práticas ofendem nossa inteligência e nos afastam mais e mais de Deus.

Observamos que o deus que amedronta e pune seus filhos eternamente é igual aos homens.

Como a maioria dos homens não pratica o amor para com seu semelhante, o deus que eles compreendem é um deus com sentimentos humanos.

Deus criou o homem a sua imagem e semelhança, em espírito.

194   Algemas Invisíveis

O homem por ignorância e para dominar outros homens criou um deus humano, à imagem e semelhança de seus defeitos.

O pior de tudo, é que esse deus, que presenteou a criatura humana com a capacidade de pensar, não aceita que as pessoas pensem e contestem as supostas verdades.

Se o céu é para os eleitos, prefiro queimar no inferno ao lado daqueles que amo.

Será que no céu há panelinha?

196 Algemas Invisíveis

O DIA DE HOJE

"Amanhã será, sem dúvida, um belo dia, mas, para trabalhar e servir, renovar e aprender, hoje é melhor".

André Luiz

Assevera o brocardo popular: "não deixe para amanhã, o que se pode fazer hoje".

Não podemos esperar pelo amanhã, pois vivemos este momento, daqui a pouco,... quem sabe?

É certo que nosso futuro depende do nosso hoje, todavia, não podemos nos esquecer de que o futuro a Deus pertence, diz a sabedoria popular.

Pessoas há que choram hoje, por algo que elas imaginam ainda vá acontecer.

Devemos nos esforçar para viver um dia de cada vez; a ansiedade quanto ao futuro é vida intranqüila agora.

Asserenar nosso coração, edificando a paz interior através de esforço constante é possível, se assim desejarmos.

A intranqüilidade vivenciada hoje é tormenta duradoura na alma insegura.

O que temos verdadeiramente é o presente momento; por isso, devemos nos esforçar para enfrentarmos os desafios da vida com calma.

Os problemas que nos cabe resolver, só serão equacionados se encarados de frente, mas um de cada vez.

A afobação é porta segura para que o desespero se instale, nos impedindo de pensar. Quem não raciocina, não consegue discernir.

Muitas vezes, nossa invigilância torna-nos maiores que o problema, pela exasperação e falta de auto-controle.

Por mais difícil que seja o momento, a falta de tranqüilidade só irá agravar a resolução da problemática.

Diante das dificuldades, respiremos fundo por um instante, fechemos nossos olhos, refazendo-nos intimamente, certamente o amparo se fará presente.

Se você é religioso, ore, se não acredita em nada, valorize os seus afetos.

Acreditemos ou não, a Inteligência Superior, se sintonizarmo-nos a Ela através da serenidade, abrirá janelas, onde as portas estiverem fechadas.

A paz interior é conquista de cada um.

Por isso, meditemos nas palavras de André Luiz: o melhor dia é o dia de hoje, para empreendermos as reformas e conquistas que necessitamos e desejamos.

A irritação cega a razão.

A cólera envenena a alma.

A ansiedade sufoca o presente.

A preguiça atrofia o futuro.

O ócio é doença instalada.

Só o trabalho constante é vacina eficaz contra os males da alma.

O PODER DA LÍNGUA

"Não obstante, pequena e leve, a língua é, indubitavelmente, um dos fatores determinantes no destino das criaturas".

Emmanuel

Dizem que a boca fala do que o coração está cheio.

Grande verdade, pois a língua tem o poder de semear a paz ou a discórdia, a tristeza ou alegria, o amor ou o ódio.

Quando falamos temos a capacidade de esculpir no coração daqueles que nos ouvem, sentimentos bons ou ruins.

A fala é a manifestação do pensamento, é a exteriorização da energia contida no coração de quem pronuncia as palavras.

Quando falamos externamos pelos lábios o teor dos sentimentos que nutrimos em nós mesmos.

A palavra que se propaga pelo espaço, é energia poderosa que somada a outras energias afins contidas na atmosfera, pode elevar a quem ouve ou alimentar contendas.

Uma palavra apenas, tem o poder de transformar a vida das pessoas.

É importante que tenhamos consciência de nossa responsabilidade perante nós próprios, pois a palavra infeliz, antes de afetar os outros, polui primeiramente a alma de quem a pronuncia.

Quando nos utilizamos do verbo agressivo, é em nós próprios que vibram primeiramente os sentimentos negativos verbalizados.

Com isso, quando desejamos atirar lama verbal em alguém, é porque nos encontramos enlameados de maldade.

Por outro lado, a língua que exalta o semelhante, revela em suas manifestações a caridade e a bondade.

A língua que cala, diante dos opróbrios sofridos, é língua educada que não revida a agressão das línguas invigilantes.

Precisamos atentar para nossa condição de geradores de energia; nossa mente plasma e gera situações boas ou más, fazendo-nos experimentar a paz ou a inquietação.

Nossa boca é arma poderosa, a mente a munição e a língua o gatilho.

Educar nossas manifestações verbais é trabalho de todas as horas, de todos os instantes.

A construção da felicidade começa pela nossa auto-educação, conter a língua é luta titânica para criaturas acostumadas a não pensar antes de falar.

Para que nos tornemos pessoas sãs de corpo e felizes espiritualmente, é imprescindível que aprendamos a calar a ouvir e a pensar.

Enquanto não educarmos nossos sentimentos, seremos verdadeiras metralhadoras, atirando a esmo, em nós mesmos e em nossos pares.

A língua pode ser o gatilho para nossa infelicidade ou a vírgula para o silêncio e o silêncio é sempre uma prece.

200 **Algemas Invisíveis**

SILÊNCIO...

"Se a incompreensão lhe atira pedradas, use o silêncio em seu próprio favor, imobilizando os monstros mentais que a crueldade desencadeia nas almas frágeis e enfermiças".

André Luiz

É muito importante trabalharmos em nós a compreensão com as pessoas que não nos compreendem o ideal.

Muitas vezes, nosso orgulho exacerbado faz com que desejemos que as pessoas compreendam todos os nossos propósitos.

Isso é impossível, pois não temos a capacidade de agradar a todos.

Os comentários desairosos surgem e se não nos imunizarmos psiquicamente, aceitando as opiniões divergentes, poderemos descambar para a turbulência mental.

Diante dos comentários que nos chegam como fel invisível, passamos a registrá-los em nosso psiquismo e de momento a momento somos bombardeados pela irritação e contrariedade.

Desta forma, criamos os monstros mentais de que nos fala André Luiz e quanto mais nos detivermos no pensamento infeliz, mais os sentimentos desagradáveis ganharão força em nosso íntimo.

Somos criaturas frágeis, orgulhosas, os monstros mentais têm o tamanho do nosso orgulho ferido.

É imprescindível que diminuamos o peso das opiniões alheias em nossos propósitos.

Silenciar como aconselha o benfeitor, é a primeira providência que devemos tomar para não revidar com palavras impensadas o fel que nos chega aos ouvidos.

Quando, inconformados com as opiniões alheias, queremos justificar nossas idéias a fim de convencermos as pessoas de que estamos certos, é sinal de que nós próprios não temos plena convicção do que estamos fazendo.

Todo e qualquer desejo no bem, não precisa se utilizar da força do convencimento, pois o bem é sempre o bem e se impõe por ser verdade.

Diante das adversidades, calar é profilaxia contra males que alimentamos em nós próprios.

Não podemos convencer ninguém através de nossas idéias, sem que antes estejamos exemplificando o que elas têm de nobre.

As pedradas só serão assimiladas, se tivermos a humildade de perceber que com as pedras que nos são atiradas é que construiremos o edifício da nossa redenção intima.

O silencio nas situações adversas, é a nossa melhor defesa contra os ataques alheios e a melhor proteção contra o orgulho que ruge dentro de nós.

202 **Algemas Invisíveis**

ACALMA-TE

Não caias no desespero, pelo motivo de haveres errado.
Asserena-te, revisando as próprias atitudes e obrigações e retifica-te no caminho a seguir ou no trabalho a fazer. É muito provável que aquele de nossos irmãos que tudo apresente como sendo absolutamente certo na moldura de um ambiente irrepreensível, esteja acalentando algum erro na retaguarda.

Emmanuel

Ninguém erra premeditadamente, o erro é fruto da ignorância.

Como evoluir, sem trilhar os degraus do equívoco?

Como valorizar as bênçãos da vida, sem a experiência amarga da perda?

É próprio da nossa condição de aprendizes cometer erros clamorosos, os equívocos que perpetramos acabam por repercutir na economia da nossa evolução.

Atentemos que, mais cedo ou mais tarde, responderemos pelas escolhas que tivermos feito.

Mesmo as pessoas que nos pareçam perfeitas em seus comportamentos, já trilharam os ásperos caminhos do desengano.

Cultivar o desespero por erros praticados é manter a alma presa sob o guante do remorso. Embora possamos, indevidamente ter prejudicado a quem quer que seja, ferimos a nós próprios, pois a sentença acusatória partirá sempre de nossa própria consciência.

O registro da ação infeliz fica gravado em nosso psiquismo, embora pareça esquecido, de tempos em tempos emerge em nossa mente como a lama revolvida no fundo do rio.

Somente a lucidez advinda da conscientização sincera de que se errou é que pode indultar o agressor perante si mesmo.

Essa conscientização, pouco a pouco irá banindo o remorso de nosso psiquismo e deixando em seu lugar, a lição preciosa ensejada pelo equívoco.

Por isso, a afirmação de Emmanuel é receita de paz para nossas vidas.

Serenar nossos corações, envidando esforços para a melhora de nós próprios é esforço que será recompensado pela paz honestamente conquistada.

Vale lembrar, mesmo aqueles que nos pareçam impecáveis em seus comportamentos, já transitaram pelos mesmos caminhos que todos os aprendizes transitam. Se hoje, suas manifestações em todo campo de ação, demonstram a segurança dos que nunca erraram, é porque certamente choraram ontem e trazem em si mesmos as marcas características daqueles que aprenderam com a própria dor.

O TRABALHO

"Se você procura solução adequada a seu problema, não olvide o grande remédio do trabalho, doador de infinitos recursos, em favor do progresso do Homem e da Humanidade".

André Luiz

A terra gira incansavelmente sobre o próprio eixo, mantendo a vida em todo seu ecossistema, no mais absoluto equilíbrio.

Além de girar sobre si mesma, também gira ao redor do sol, em trabalho constante de renovação íntima através das estações climáticas.

A Lua, colaborando com a manutenção da vida na Terra, em suas aproximações gravitacionais, controla as marés oceânicas em trabalho infatigável de sustentação e equilíbrio.

O sol despende grande quantidade de energia, em trabalho de doação energética contínua.

As florestas, silenciosamente, respiram a longos haustos expurgando da atmosfera grandes quantidades de gás carbônico, tornando a vida possível em nosso planeta.

Tudo que nossos olhos contemplam, revela que o trabalho entoa em suas diversas manifestações um hino de louvor ao Criador.

Adeilson Salles

Ínsita na natureza, a criatura humana não pode prescindir do trabalho em sua vida para a exteriorização das suas forças criativas.

O trabalho, em toda sua forma de expressão nobre é a manifestação do Criador em nós.

A mente que se edifica na boa leitura e na manutenção de bons pensamentos, mantém o corpo sadio.

As células humanas, por mais microscópicas que sejam, renovam-se constantemente mantendo saudável o organismo do homem.

O aparelho digestivo silenciosamente metaboliza o alimento, retendo as substâncias nutrientes e descartando os resíduos alimentares que não são necessários.

O sangue, circulando incansavelmente, oxigena as células mantendo a vida.

Tudo em nós e fora de nós é convite bendito à manutenção do trabalho.

Se o corpo, automaticamente, provê a vida sem que haja a necessidade de comando da mente para algumas atividades orgânicas, o espírito que o habita não pode eximir-se de colaborar com seu trabalho para o progresso geral.

O corpo humano é o templo do espírito, sua ferramenta de manifestação no mundo.

Portanto, ponhamo-lo em movimento, trabalhando cada vez mais, para que através do trabalho manifestemos o Criador, assim como Ele, manifesta-se através do trabalho em todo o Universo.

A VONTADE DE DEUS E A NOSSA VONTADE

"Repara a posição em que te situas e atende aos imperativos do Infinito Bem. Coloca a Vontade Divina acima de teus desejos, e a Vontade Divina te aproveitará".

Emmanuel

Tudo na vida é uma questão de sintonia por isso, nos fazemos acompanhar de pessoas com as quais temos afinidades.

Nossas atitudes e gestos expressam o que nos vai na alma; nossa palavra revela o que se passa em nossa intimidade.

Independente de cultura intelectual ou poder aquisitivo, somos convidados diariamente a colaborar na edificação daqueles que a vida coloca em nosso caminho.

É importante que nos conscientizemos de que fomos criados pelo amor e para o amor, portanto o amor pode se manifestar por nós se assim o desejarmos.

Onde quer que nos encontremos, somos sempre convocados a auxiliar aqueles que compartilham conosco a experiência evolutiva.

Não existe ninguém tão miserável, que não possa de alguma forma ser útil ao semelhante.

O gesto de cordialidade pode derrubar os muros da ignorância.

O sorriso afetuoso, pode amparar a quem se encontre preso ao torvelinho das lágrimas.

O cumprimento jovial contagia a quem o recebe.

Ouvir o interlocutor com atenção é demonstração de educação e respeito.

Olhar nos olhos das pessoas quando falamos, expressa a honestidade de nossas palavras.

Estamos situados onde melhor podemos ser aproveitados pelo Criador.

Na fila do banco, no consultório médico, na porta da escola, no setor de trabalho ou em qualquer local, a vida nos convida incessantemente a colaborar com a vida de nossos semelhantes.

Se desejamos a presença de Deus em nossa vida, é imprescindível que através de nós, Ele esteja na vida das pessoas.

Não é preciso manifestações espalhafatosas ou de indumentárias, que chamem a atenção dos homens para demonstrarmos que Deus está conosco, pois Ele se manifestará por nós através das pequenas atitudes fraternais. Deus não se manifesta por demonstrações de irritabilidade e cólera.

Entretanto, não duvidemos de que os pequenos gestos de boa vontade, farão grande diferença em nossa vida e na vida das pessoas que convivem conosco.

A Vontade Divina atua por nós todas as vezes que colocarmos nossa vontade no bem, em ação.

A VERDADE SUBJETIVA

"O aspecto exterior nem sempre denuncia a realidade. O vento, supostamente vadio, trabalha na função de cupido das flores".

André Luiz

A natureza em suas manifestações nos remete a lições preciosas, que se observadas detidamente nos levam à compreensão de nossas lutas no mundo.

O trovão que ruge, assustadoramente, é prenúncio de tempestade higienizadora.

O abalo sísmico que impõe o medo às populações, demonstra na intimidade do fenômeno que ocorre na crosta, que o planeta está em mutação para exprimir transformações necessárias, nem sempre compreendidas pelo homem.

Os ventos que avassalam cidades com sua fúria natural, demonstram à criatura humana que toda edificação progressista deve ser erigida com base no respeito à própria natureza.

No nosso círculo de ação, as coisas não são diferentes.

A morte que se apresenta no círculo familiar, ceifando de nosso convívio entes queridos, tem na sua aparência destruidora e irrevogável, a manifestação da própria vida que prossegue soberana não obstante a cessação da vida celular.

As lágrimas que obstaculizam a nossa caminhada, trazem em seu bojo amargo o convite para a renovação e reavaliação de nossa conduta perante a vida.

A doença que se instala à surdina, surgindo de inopino como desafio a ser superado, nos revela que antes de sua manifestação patológica, o espírito já se encontrava em conflito íntimo e a doença física é apenas o sintoma da enfermidade presente na alma.

Devido ao imediatismo de nossas aspirações perante a vida, não conseguimos vislumbrar o valor pedagógico de tais situações.

Guardamos a expectativa de que tudo na vida deva nos favorecer. É a Providência Divina que nos favorece nos concedendo apenas aquilo de que necessitamos para evoluir.

Portanto, cabe-nos avaliar as circunstâncias de como os fatos ocorrem, pois a realidade pode ser bem diferente do que as conclusões que tiramos precipitadamente sobre tudo.

A lágrima, se aceita sem o fel da revolta, apenas emoldura a tela da vitória que se materializará brevemente no porvir.

A morte, se compreendida como processo natural de transmutação entre dimensões e como lei natural a que todos estamos submetidos, nos fará mais humildes, ensinando-nos a valorizar cada vez mais a verdadeira riqueza da vida.

A doença, se encarada como processo renovador, para que o espírito reveja sua conduta diante da vida, será compreendida e enfrentada como mais uma oportunidade de crescimento. As circunstâncias não são os fatos, elas são situações periféricas que envolvem a realidade. E a realidade só pode ser vislumbrada pelo espírito de humildade, perante as leis naturais.

212   Algemas Invisíveis

A TUA FÉ TE CUROU

"Sem que teu pensamento se purifique e sem que a tua vontade comande o barco do organismo para o bem, a intervenção dos remédios humanos não passará de medida em trânsito para a inutilidade".

Emmanuel

Em todo projeto anelado, é imprescindível a semente da determinação, não se pode lograr o êxito sem que a vontade firme esteja no leme de nossas aspirações.

Um projeto para ser vitorioso, necessita de planejamento e ação.

A imobilidade perante os nossos anseios, via de regra nos conduz à frustração.

É muito comum creditarmos as circunstâncias promovidas pelos outros, como fator impeditivo para a realização de nossos propósitos.

Esse comportamento atávico revela que ainda não nos convencemos de nossa capacidade de realização.

As barreiras para o sucesso de qualquer empreendimento são erguidas pela falta de vontade e pela incerteza de que se está fazendo realmente o que se deseja.

Construímos muros intransponíveis dentro de nós mesmos e isso se deve ao desconhecimento de nossa real capacidade.

Em algumas ocasiões, basta o comentário desestimulante de qualquer pessoa para que imediatamente abandonemos os nossos projetos.

Empresa que se busca realizar, aguardando a aprovação alheia, carece de fundamentos no coração de quem a idealizou.

Projetos que não se coadunem com o bem-estar íntimo de seu empreendedor, são sonhos inúteis, alimentados por corações infantis.

Ninguém faz bem o que não gosta, o bem-estar na prática de todas as idealizações que anelamos é atalho seguro para que coloquemos amor em nossas atitudes.

Na conquista da saúde, no combate às patologias, é necessária a purificação de nossos sentimentos.

A harmonia interior promove verdadeiros prodígios na reconstituição orgânica, pois a mente renovada no bem capacita o cérebro à produção enzimática benfazeja.

O estimulo está no espírito, que por uma firme vontade, combate a enfermidade com vibrações restauradoras, dando à criatura humana melhor qualidade de vida e conseqüente eficácia à alopatia implementada pelos médicos.

Entretanto, toda medida aplicada pela ciência sem que o espírito se empenhe em sua renovação, redundará em paliativo de efeito passageiro.

Evoquemos mais uma vez a figura augusta de Jesus:

"A tua fé te curou"

214 Algemas Invisíveis

UM POR TODOS E TODOS POR UM...

"É muito provável que, por enquanto, seja plenamente dispensável a sua cooperação no paraíso.
É indiscutível, porém, a realidade de que, no momento, o seu lugar de servir e aprender, ajudar e amar, é na Terra mesmo".

André Luiz

A religião propõe ao homem o encontro imprescindível com Deus, todavia, o homem crê que esse encontro deva levá-lo a apartar-se de outros homens que não lhe esposam as mesmas idéias.

Será crível que a participação nesta ou naquela forma de expressão religiosa, nos exima da responsabilidade perante as situações a serem transformadas no mundo?

A razão repele os sectarismos, que encastelam o homem, que se acredita eleito ao paraíso.

Deveríamos ser mais humildes, pois uma analise mais criteriosa demonstra cabalmente, que em nosso atual estágio evolutivo o paraíso é promessa idealizada por alguns, para iludir os incautos.

A promessa de um céu beatífico, onde seus herdeiros ficarão debruçados eternamente, a contemplar a desdita dos pecadores, revela que nossos anseios celestiais têm conotações egoísticas.

O paraíso seria um condomínio de luxo, e o inferno a periferia dos culpados.

Tolo é o homem que não compreende, que fomos chamados à construção de um mundo melhor, a partir de nós próprios.

Ainda estamos longe de tomar posse de nós mesmos, e de toda capacidade herdada do Criador.

Deter nossos olhos nas estrelas, esquecendo-nos daqueles que minguam ao nosso lado, pedindo compreensão, é banquetear-se de ignorância e presunção.

Observemos que de tempos em tempos surgem na Terra arautos do amor, exemplificando em sua conduta a preocupação com os irmãos de caminhada.

Aqueles que se encontram em patamares evolutivos mais elevados, não abdicam da condição de eternos servidores do próximo.

Compreendem que aquele que se encontra acima se eleva cada vez mais, descendo até os sofredores do caminho.

Na olimpíada da vida, o mérito está em alcançar o podium ladeado pelo maior numero de iguais.

A nossa ignorância finca cada vez mais nossos pés nessa escola chamada Terra.

Podemos asseverar com serenidade, que encontramos o paraíso aqui mesmo, na bendita oportunidade do trabalho.

Enquanto não compreendermos que devemos migrar para mundos melhores todos juntos, como as gaivotas unidas em seu vôo, não poderemos vislumbrar o paraíso que, escondidinho, encontra-se dentro do próprio homem.

RELACIONAMENTO AMOROSO

"As tragédias da vida conjugal costumam povoar a senda comum. Explicando o desequilíbrio, invoca-se a incompatibilidade dos temperamentos, os desencantos da vida íntima ou as excessivas aflições domésticas".

Emmanuel

Os relacionamentos conjugais quando não alimentados por doses diárias de atenção, carinho, e efetiva cumplicidade tendem a gerar insatisfação recíproca.

É muito comum, a troca de acusações entre o casal, quando acontecem as ditas incompatibilidades. Os cônjuges procuram durante a troca de farpas, justificar-se perante a própria consciência, pelo fracasso de um relacionamento que pressupõe a participação equânime de duas pessoas.

Quando nos envolvemos amorosamente com alguém a ponto de partilhar a vida, via de regra, acreditamos que esse alguém é o dono da chave que abrirá a porta para nossa tão sonhada felicidade, ledo engano.

Toda expectativa que alimentamos com relação aos outros é de nossa responsabilidade, portanto, esperamos que os outros nos dêem aquilo que nossa fértil imaginação idealizou.

O amor é construção de cada dia; a princípio ocorre uma afinidade, uma empatia que vai crescendo, conforme os pares vão se entregando. Quando germina no coração a semente de um sentimento sincero, ela precisa ser regada por pequenas atitudes afetivas, do contrário surgem às incompatibilidades.

Quando um relacionamento se desgasta, ou um dos parceiros deserta do compromisso assumido, é porque na verdade o desertor já se sentia infeliz consigo mesmo.

Ninguém pode obrigar a outrem a viver com quem não quer, e os relacionamentos devem ser mantidos com base na honestidade dos sentimentos.

Todavia, aquele que abandona o compromisso assumido, de maneira irresponsável, responderá às leis que regem a vida e a própria consciência pela deserção.

O que ocorre verdadeiramente, como sempre, é que responderemos inapelavelmente a nossa consciência pelos equívocos perpetrados.

Existem casais, que experimentam tal amadurecimento em sua relação, que aprendem que amar, é sinônimo de dar amor, sem cobrar amor.

Aquele que ama verdadeiramente sem o desejo da posse, é feliz por amar.

218 **Algemas Invisíveis**

O ideal em qualquer relacionamento é perguntarmo-nos sempre:

– O que posso modificar em meu comportamento para melhorar a minha relação amorosa?

Deixar ao parceiro a responsabilidade pela nossa felicidade, é viver o relacionamento de maneira infantil.

Não podemos criar expectativas quanto ao que acreditamos merecer receber, mas podemos empreender nossos melhores esforços no sentido de dar amor.

Parafraseando Francisco de Assis diríamos: "é dando que se recebe".

O tempo nas relações sinceras, é aliado importante, pois aumenta o amor das almas, à medida que os desejos do corpo diminuem.

220   Algemas Invisíveis

O DESAFIO FAMÍLIA

"*A paisagem social da Terra se transformaria imediatamente para melhor se todos nós, quando na condição de espíritos encarnados, nos tratássemos, dentro de casa, pelo menos com a cortesia que dispensamos aos nossos amigos*".

André Luiz

Muitas vezes o ambiente doméstico torna-se cadinho de contendas, onde todos gritam, e ninguém tem razão.

Ter uma casa, é ser usufrutuário de uma construção de alvenaria ou madeira.

Ter um lar, é habitar no coração de nossos parentes consangüíneos.

Conviver sob o mesmo teto demanda muita compreensão, pois sob o mesmo teto, sem a utilização do verniz social, cada qual mostra-se sem máscaras como verdadeiramente é.

Em sociedade sorrisos.
Em família azedume e mau humor.
Em sociedade a paciência.
Em família a irritabilidade.

O brocardo popular de que: "santo de casa não faz milagres", encontra veracidade justamente nos comportamentos equivocados junto à parentela.

A vida em família é uma grande oportunidade para que exercitemos a fraternidade e burilemos a nós próprios.

As criticas que por ventura recebermos no núcleo familiar, devem ser recebidas com muita serenidade.

Embora aconteça durante as discussões, com os ânimos acirrados, muitas verdades são ditas e as verdades são como alfinetadas em nosso orgulho.

Podemos enganar as pessoas em sociedade, mas não podemos enganar aqueles que convivem conosco, e é nessa verdade que encontramos dificuldades.

Se nos predispusermos a modificar nosso comportamento justamente em nossos relacionamentos familiares, estaremos dando passos seguros para dispensarmos o verniz social com o qual nos maquiamos.

Sempre descuidamos das relações quotidianas, seja no casamento, seja nas relações familiares, não damos o devido valor.

É mister que aprendamos a cultivar todo e qualquer relacionamento, com o adubo das pequenas atitudes fraternais, com a água da sinceridade.

E quando a poda das criticas ceifar nosso orgulho, aceitemo-la, pois quando permitimos mesmo sofrendo, que as lições penetrem nosso coração, estaremos crescendo mais fortes, vigorosos, porém mansos e ternos.

O relacionamento familiar, edificado no respeito e fraternidade, é a base segura onde a criatura estabelecerá uma conduta transparente diante da sociedade.

Melhorar a conduta em família, é auxiliar na melhora do mundo.

224   Algemas Invisíveis

BOMBAS MENTAIS

"A cólera é comparável a uma implosão mental de conseqüências imprevisíveis".

Emmanuel

O sectarismo religioso e a distorção das mensagens celestiais, têm levado os profitentes de algumas expressões religiosas à pratica de atos animalescos.

Os chamados homens-bomba são a comprovação cabal do quanto estamos distantes de Deus.

Esses irmãos, ignorantes da lei máxima que rege nossa vida na Terra, o amor, suicidam-se e assassinam pessoas inocentes acreditando herdar o paraíso.

Na condição de aprendizes dessa mesma lei de amor, necessitamos reflexionar em nossas atitudes para com o próximo.

Os erros, por mais clamorosos que sejam apresentam em suas conseqüências, atenuantes que expressam a magnanimidade de Deus quanto a seus filhos, pois atos dessa natureza espelham em suas práticas, a total ignorância das leis divinas.

Mas todos responderão pelos atos praticados.

Precisamos atentar para as bombas vibratórias, que arremessamos voluntariamente na atmosfera do nosso planeta.

Toda manifestação colérica é bomba perigosa, pois promove em sua explosão variados estilhaços, a ferir aqueles com os quais caminhamos no mundo.

Atestamos com o auxilio da ciência, que a cólera é artefato perigoso que ao longo do tempo pode detonar naquele que a manifesta costumeiramente, enfermidades degenerativas.

Oração e vigilância, são em contra partida, métodos eficazes para o desarmamento de nossas almas.

Precisamos adotar medidas pacificadoras em nossos corações, desarmando nosso espírito a cada dia.

O destempero emocional é força degenerativa na alma, é passo para a insanidade.

Somente o amor, exercitado a cada dia, pode erradicar a cólera do nosso comportamento.

Lembremo-nos que o escândalo é necessário, mas ai daquele por quem vier o escândalo.

A cólera é bomba invisível a retardar a nossa caminhada evolutiva.

A cólera explode primeiro no coração de quem a manifesta, deixando marcas indeléveis, por dias, meses, ou vidas.

REPROGRAMAÇÃO CRISTÃ

"Não converta seu ouvido num paiol de boatos".
"A intriga é uma víbora que se aninhará em sua alma".

André Luiz

Diariamente diversas informações invadem nosso psiquismo.

Nosso subconsciente, nossa memória da vida atual, registra esses clichês, que afloram no consciente quando uma imagem ou um fato qualquer ativa essas lembranças arquivadas.

Podemos constatar isso nas propagandas apresentadas pela mídia.

Basta ouvir uma música ou vislumbrarmos determinadas logomarcas, para que a propaganda do produto passe em nossa mente como um filme repetitivo.

Nossa mente é um arquivo poderoso.

No campo das relações humanas isso não é diferente.

Precisamos tomar cuidado com as informações que nos chegam aos ouvidos, pois podemos incorrer em equívocos clamorosos com relação ao próximo.

Da mesma forma que nossa mente é capaz de registrar imagens das mais diversas na área do marketing, também abrigamos em nosso psiquismo situações desagradáveis.

Se não estivermos vigilantes com as informações que nos chegam aos ouvidos, poderemos sofrer contágio emocional destrutivo.

É necessário que envidemos esforços, para uma efetiva proteção contra o vírus da intriga e da fofoca.

Caso contrário, alem de estarmos à mercê do mal, nossa mente invigilante criará clichês mentais deletérios, que prontamente surgirão em nossa tela mental nos trazendo inquietação na alma.

Assim como devemos selecionar o entretenimento televisivo em nosso lar, urge que nos imunizemos contra o vírus da maledicência que nos chega aos ouvidos.

Lembremo-nos de que nossa mente é o mais poderoso computador existente, e que os programas a serem arquivados, precisam passar pelo antivírus do bom senso.

Se não tivermos discernimento e filtrarmos as informações que nos chegam, o vírus do mal, tal como víbora invisível irá contaminar nossos programas no bem.

Quando recebermos qualquer informação exterior, tenha ela a origem que tiver, ela precisa ser analisada.

As pessoas que sempre observam o mal em tudo, precisam ser formatadas, seus programas mentais estão contaminados pelo vírus da maldade.

Outros mais, que semeiam a intriga denegrindo a quem quer que seja, estão contaminadas pelo vírus da inveja.

Na verdade, todos nós precisamos rever nossos programas, instalando em nossos corações e mentes o programa redentor da mensagem cristã: "Amai-vos uns aos outros".

ACEITAR PARA CONVIVER

"Aprende a estimar os outros como eles se te apresentem, sem exigir-lhes mudanças imediatas".

Emmanuel

Uma de nossas maiores dificuldades, é aceitar e conviver com as diferenças.

No quadro de nossas relações, esse comportamento fica patenteado nas mínimas expressões do convívio.

Diz-se que a liberdade é um bem tão precioso, que vivemos tentando invadir a alheia.

Não temos paciência e nem compreensão, para aceitar que as pessoas, necessitam de suas experiências próprias para poder lograr a evolução.

Emitimos nossas opiniões o que é normal, mas na verdade o que desejamos, é que nosso ponto de vista seja aceito.

Auxiliar nossos pares é louvável, insistir para que pensem como nós é violência.

Os patamares evolutivos são diferentes, daí a diversidade de opiniões sobre um mesmo assunto.

Nunca ouvimos dizer, que Jesus em sua missão de semear o amor no mundo, obrigou a quem quer que seja a lhe esposar as mensagens.

O Mestre sabia, que todos necessitam de um tempo de amadurecimento espiritual, essa madureza advém das experiências vividas e absorvidas por cada um.

Quando podamos as pessoas de suas experiências evolutivas, impedindo-as de decidir, estamos na verdade retardando-as em sua caminhada.

Aceitemos cada um com o que de melhor o semelhante nos possa oferecer, e permitamos que ele aprenda com as próprias escolhas.

Quando condicionamos nossos relacionamentos, e cobramos das pessoas uma mudança de postura que venha a nos agradar, não permitimos que a relação se desenvolva num clima de espontaneidade.

Muitas vezes aqueles com quem convivemos, acabam por mascarar os sentimentos e desejos a fim de nos agradar.

Não existe nada mais desagradável do que representar um personagem que na verdade não se é.

Os relacionamentos sinceros e honestos, devem ser fundamentados na livre expressão do ser, na total confiança e principalmente no respeito.

Devemos nos aceitar com nossas limitações, procurando superá-las gradativamente.

Quanto ao nosso próximo, ele se relaciona conosco de maneira muito mais amiga e fraterna, à medida que se sente respeitado.

Seja no lar, no trabalho, ou nas relações sociais aprendamos a aceitar cada pessoa, com suas virtudes e defeitos, pois em todos os momentos, Deus nos aceita como somos.

230   Algemas Invisíveis

O CHEIRO DA GENTILEZA

"Toda saudação deve basear-se em pensamentos de paz e alegria. Pense no seu contentamento quando alguém lhe endereça palavras de afeto e simpatia, e faça o mesmo para com os outros".

André Luiz

A gentileza e a simpatia são alimentos da alma.

Nossa vida é um imenso jardim, precisa ser cuidada adequadamente para que as pragas da infelicidade não povoem nossos dias.

Como é bom receber carinho, atenção e afeto.

A vida sempre nos devolve aquilo que ofertamos a ela.

Existem pessoas que embora rodeadas de gente, estão imersas em vasto deserto de solidão, não riem, não falam, não se mostram, não vivem.

Suas palavras invariavelmente, repercutem o fel que lhes vai à alma.

Experimentam enorme dificuldade, em esboçar um cumprimento por mais simples que seja.

Por mais que tentemos disfarçar, mais dia ou menos dia, o nosso hálito espiritual acaba por se mostrar através de nossas atitudes.

A amargura expele de nosso ser o azedume.

A irritabilidade esparze a antipatia.

O mau humor lega a solidão.

O pessimismo gera o abandono.

São tantas as situações que denunciam o nosso estado íntimo, por mais que tentemos, ao longo do tempo a máscara cai.

Não podemos nos permitir sofrer o contágio daqueles que não encontram prazer em viver.

Do contrário em breve tempo, estaremos engrossando a fila dos desgostosos.

A contaminação através de vírus e bactérias é freqüente nos dias atuais, gripes e resfriados instalam-se com uma rapidez assustadora.

É preciso que nos imunizemos contra o contágio da desesperança, do mau humor, do pessimismo.

Não dói ser gentil, faz bem à saúde física, faz bem à alma.

O jardim da nossa vida precisa de cuidados simples e efetivos, sorrisos, apertos de mão, abraços, bom dia, boa noite, seja feliz.

Lembremo-nos, uma atitude de gentileza, por mais simples nos pareça, pode amparar, socorrer, valorizar.

Quantos não se encontram nesse exato momento, mais perto do que pensamos, talvez em nosso lar, necessitados apenas de uma palavra amiga.

Quem perfuma a vida alheia, com a fragrância da gentileza, tem a alma impregnada de amor.

SEJA FELIZ!

"A felicidade é uma conquista íntima, intransferível, inalienável!".

Adeilson Salles

Feche seus olhos por um instante e perceba-se.
Respire profundamente e sinta o ar enchendo seus pulmões.
Por um momento desligue a sua mente das preocupações.
É importante para sua vida o equilíbrio íntimo, a paz interior.
A mente atormentada é imã poderoso que atrai as más vibrações, levando o corpo ao desconforto e a conseqüente enfermidade.
Faça um esforço diário para perceber a sua importância.
Mesmo que as situações sejam adversas, não se esqueça que só você pode fazer a diferença em sua vida.
Enfeite seu rosto com um sorriso; embora o homem desenvolva técnicas cirúrgicas para a manutenção da jovialidade, ele ainda não conseguiu superar o Criador, pois só o sorriso rejuvenesce a face e a vida.

É possível que você não encontre razão para sorrir devido aos problemas que vem enfrentando, mas a carantonha enfezada, certamente aumenta mais ainda o tamanho das dificuldades.

Você já percebeu o quanto tem aprendido com a vida?

Não desanime jamais, a vida se renova a cada instante, perceba isso.

Se as pessoas não são do jeito que você gostaria, o importante é que você seja sempre o melhor que puder.

Sorria por você.

Ame por você, pois quem ama é mais feliz.

Mas não cobre amor dos outros, as pessoas devem ser livres para escolher.

Sofrer porque os outros não lhe amam do jeito que você deseja é burrice.

Coração dos outros é terra que ninguém pisa.

E então, vai ficar parado ai?

Movimente-se, caminhe em direção dos seus objetivos.

Pense: "quantos a essa hora planejam crimes e maldades?"

Planeje e construa a sua felicidade, você é capaz.

Quantos minutos perdemos na vida, desejando que os outros correspondam as nossas expectativas?

Não despreze você mesmo, existe ai no fundo, bem dentro de você, um ser incrível querendo se manifestar.

O amor pelos outros passa primeiramente pelo amor a si próprio.

A vida dá a você o que você dá à vida.

Faça uma cirurgia plástica no rosto e na alma, sorria.

E então? Você já escolheu o dia que quer ter hoje?

Não precisa consultar os universitários, consulte honestamente o seu coração, ele vai lhe responder.

Não se esqueça, você tem capacidade, pois ela é e será sempre do tamanho da sua vontade.

O Deus que existe em mim, saúda o Deus que existe em você!

Seja feliz!

Umberto Ferreira reuniu nesta obra grande número do que chamou de imperfeições, identificando-as e propondo simples modos de vencê-las, dentro dos preceitos evangélicos.
O livro traz um conjunto de considerações à respeito de nossos desvios, que impedem ou retardam nossa evolução espiritual, tudo tratado de modo conciso e de fácil leitura.

Esta obra traz a história de Benjamim, que viveu num local distante das grandes cidades e fez de tudo para espalhar as luzes do Evangelho, sem ter a preocupação de pertencer a essa ou àquela religião. O que lhe importava era acender nas mentes a "Luz da Verdade" e socorrer através da oração a todos os necessitados.

Uma humilde história, que não fala dos problemas complexos da atualidade, mas daqueles que sempre existiram no seio de todas as sociedades, dentre eles: o abandono de recém-nascidos, a arrogância religiosa, a imoralidade, a ganância, entre outros.

Sabemos que nosso Deus, através das Benditas Falanges do Bem, sempre está presente entre as criaturas para promover o crescimento de cada um; assim, dentro de uma religião, ou fora dela, existem almas bondosas que corrigem as falhas de suas vidas passadas, trabalhando em favor da humanidade.

CTP · Impressão · Acabamento
Com arquivos fornecidos pelo Editor

EDITORA e GRÁFICA
VIDA & CONSCIÊNCIA

R. Agostinho Gomes, 2312 • Ipiranga • SP
Fone/fax: (11) 3577-3200 / 3577-3201
e-mail:grafica@vidaeconsciencia.com.br
site: www.vidaeconsciencia.com.br